LE
DROIT PUBLIC
DE L'EUROPE,

FONDE' SUR LES TRAITEZ
conclus jufqu'en l'année 1740.

TOME SECOND.

M D C C. XLVI.

LA

TOME SECOND

M DCC XLVI.

TABLE
DES MATIERES

Contenuës dans le second Volume, avec un Catalogue des Traités, Conventions, Actes, &c. qui y font cités.

CHAPITRE VII.

Pacification d'Utrecht, Traités & Négociations qui y ont rapport. Difcours préliminaire, Pag. 1. Conventions concernant la France & la Lorraine, 22. l'Efpagne, 35. l'Angleterre, 41. les Provinces-Unies, 48. le Portugal, 57. les Maifons de Savoye, 60. de Brandebourg de Naffau, 65. l'Empereur & l'Empire, 72. les Princes d'Italie, 78. Garanties de la Paix d'Utrecht, 79. Proteftations, 81. Négociatio s relatives à la Paix d'Utrecht, 85.

a 3

1681. Traité de Madrid, entre l'Espagne & le Portugal.

1692. Acte d'union perpétuelle entre les Maisons d'Autriche & de Hanover.

1698. Premier Traité de partage.

1700. Second Traité de partage.

1701. Acte du Parlement d'Angleterre, touchant la succession au Trône.

1701. Traité de Lisbonne, entre l'Espagne & le Portugal.

1701. de la Haye, entre la Cour de Vienne, l'Angleterre & les Provinces-Unies.

1703. de Lisbonne, entre les mêmes & le Portugal,

1703. de Turin, entre les Cours de Vienne & de Turin.

1705. Acte du Parlement d'Angleterre, touchant la succession au Trône.

1709. Premier Traité de la Barriere, entre l'Angleterre & les Provinces-Unies.

1712. *Acte de Renonciation de Philippe V. à la Couronne de France.*

1712. *Acte des Cortes, relatif à la renonciation de Philippe V.*

1712. *Acte de Renonciation de Philippe d'Orleans, à ses droits sur l'Espagne.*

1713. *Lettres Patentes de Louis XIV. relatives à ces renonciations.*

1713. *Acte de Cession du Royaume de Sicile à la Maison de Savoye.*

1713. *Traité de Garantie, entre l'Angleterre & les Provinces-Unies.*

1713. *d'Utrecht, entre la Cour de Vienne & le Roi de Prusse, la France & l'Angleterre, la France & le Portugal, la France & le Roi de Prusse, la France & la Maison de Savoye, la France & les Provinces-*

a 3

1713.   Unies, l'Espagne & l'Angleterre, l'Espagne & la Maison de Savoye.

1714.   Traité de Radstat, entre l'Empire & la France.

1714.   d'Utrecht, entre l'Espagne & les Provinces Unies.

1714.   de Bade, entre l'Empire & la France.

1715.   d'Utrecht, entre l'Espagne & le Portugal.

1715.   d'Anvers, ou de la Barriere, entre la Cour de Vienne, l'Angleterre & les Provinces-Unies.

1716.   de Westminster, entre la Cour de Vienne & l'Angleterre.

1717.   d'Amsterdam, entre la France, la Prusse & la Russie.

1717.   de la Triple-Alliance.

1718.   de Paris, entre la France & la Maison de Lorraine.

1718. Traité de Londres ou de la Quadruple-Alliance.

1718. Acte de Renonciation de l'Empereur Charles VI. à la Monarchie Espagnole.

1718. Lettres d'investiture éventuelle des Duchés de Parme, Plaisance & Toscane, en faveur des Infans d'Espagne.

1721. Traité de Madrid, entre l'Espagne & l'Angleterre, entre les mêmes & la France.

1725. de Vienne, entre l'Empire & l'Espagne, de Paix, d'Alliance, de Commerce, entre l'Espagne & l'Empereur.

1725. de Hanover, entre la France, l'Angleterre & la Prusse.

1729. de Seville, entre la France, l'Angleterre & l'Espagne.

1731. de Vienne, entre l'Angleterre & la Cour

a 4

viij   T A B L E

1731.   de Vienne. Entre les mêmes & l'Espagne.

1731. Traité de Florence, entre l'Espagne & la Maison de Medicis.

1732.   d'accession des Provinces-Unies au Traité de Vienne du 16 Mars 1731.

1732.   de Berlin, entre les Maisons de Brandebourg & de Nassau.

C H A P I T R E VIII.

Paix du Nord, Traités de Stokholm de Neustadt. Discours préliminaire, pag. 100.

Conventions concernant la Maison de Hanover, 117. la Prusse, 120. le Dannemarc, 123. la Russie, 126. la Suede, 131. la Maison de Holstein, 133.

Garanties de la Paix du Nord, 138.

1717. Traité d'Amsterdam, entre la Prusse, la France & la Russie.

1719. *Traité de Stokholm, entre la Suede & la Maison de Hanover.*

1720. *de Stokholm, entre la Suede & l'Angleterre; entre la Suede & la Prusse; entre la Suede & le Dannemarc.*

1720. *Acte pour le Licent de Stetin, entre la Suede & la Prusse.*

1720. *Convention de Frederichsbourg, entre la Suede & le Dannemarc.*

1720. *Acte de Garantie de l'Angleterre, au sujet du Duché de Sleswic, de la France sur le même sujet.*

1721. *Traité de Neustadt, entre la Suede & la Russie.*

1724. *de Stokholm, entre les mêmes.*

1726. *de Petersbourg, entre la Russie & la Cour de Vienne; entre la Prusse & la Russie.*

x   TABLE

1729. *Lettre du Roi de Suede, au Roi de Pologne. Réponse de ce dernier à l'autre.*

1732. *Traité de Coppenhague, entre la Cour de Vienne, la Ruſſie & le Dannemarc.*

CHAPITRE IX.

Paix de Vienne. Diſcours préliminaire, p. 139.
Conventions concernant la France, 159. *l'Empereur & l'Empire,* 162. *les Princes d'Italie,* 164. *la Maiſon de Savoye,* 165. *la Pologne,* 167. *la Maiſon de Lorraine,* 168. *Garanties de la Paix de Vienne,* 170.
1735. *Traité de Verſailles, entre la France & la République de Pologne.*
1738.   *de Vienne, entre la France, l'Empereur & l'Empire.*

CHAPITRE X.

Traités particuliers conclus entre les

différentes Puiſſances de l'Europe, depuis le commencement de ce ſiecle juſqu'en l'année 1740. p. 172.

Unions, ceſſions, acquiſitions. Angleterre. Ecoſſe, 172. Maiſon d'Autriche, 182. 197. 203. 206. Suede, Maiſon de Holſtein, 182. France, Dannemarc, 210. Proteſtans de Sileſie, 194. République de Genes, 197. Provinces-Unies, Evêché de Liege, 201. Saint Siege, Maiſon de Modene, 203. Maiſons de Saxe, de Baviere, de Bragance, 206.

Alliances garanties. Angleterre, Provinces-Unies, 210. 212. 214. Maiſon d'Autriche, 212. 214. 219. Maiſon de Holſtein, Pologne Veniſe, 212. Ruſſie, 212. 219. Dannemarc, 219.

Paix d'Abo entre la Suede & la Ruſſie, 221.

1701. Traité de la Haye, entre l'Angleterre & les Provinces-Unies.

1703 Convention entre les mêmes, & la Maiſon de Holſtein.

1706. *Traité d'Union, entre l'Angle-terre & l'Ecosse.*

1707. *Traité d'Alt-Randstat, entre l'Empereur & la Suede.*

1709. *Traité de Rome, entre l'Empe-reur & le Pape.*

1713. *Contrat de vente de Final aux Genois.*

1717. *Acte de Bonn, entre les Pro-vinces-Unies & l'Electeur de Cologne, Evêque de Liege.*

1718. *Déclaration de l'Empereur, de la Pologne & de Venise à Passarowitz.*

1719. *Renonciation de l'Archidu-chesse Marie Jose-phine.*

1722.   *de l'Archiduchesse Ma-rie Amelie.*

1724. *Traité de Stokholm, entre la Suede & la Russie*

1724. *Ordonnance de l'Empereur Charles VI. sur l'ordre de succession établi dans sa Maison.*

1724. *Traité de Rome, entre le Pape & l'Empereur.*

1726. *Traité de Vienne , entre la Ruſſie & la Maiſon d'Autriche.*

1731. *Traité de Vienne , entre l'Angleterre & la Maiſon d'Autriche.*

1732. *d'acceſſion des Provinces-Unies , au Traité précédent.*

1732. *de Coppenhague , entre la Ruſſie , le Dannemarc , & la Maiſon d'Autriche.*

1733. *Réglement des Génois , au ſujet des Corſes , garanti par l'Empereur Charles VI.*

1743. *Préliminaires & Traité définitif d'Abo , entre la Suede & la Ruſſie.*

CHAPITRE XI.

Traités de Commerce & de Navigation conclus entre les principales Puiſſances de l'Europe. Diſcours préliminaire , p. 230.

Conventions générales , touchant la

Navigation & le Commerce, 270.

Engagmens respectifs des Puissances commerçantes, 278.

A R T I C L E I.

Portugal, relativement à l'Angleterre, aux Provinces-Unies, à l'Espagne, à la France, 280.

Espagne, relativement aux Provinces Unies, à la France, à l'Angleterre, à la Cour de Vienne, à la Toscane, aux Villes Anséatiques, 290.

France, relativement à l'Angleterre, aux Provinces-Unies, à l'Empire, aux Villes Anséatiques de Lubeck, Bremen & Hambourg, à l'Empire, à la Maison d'Autriche, à la Cour de Turin, aux Cantons Suisses, 313.

Angleterre, relativement au Dannemarc, à la Suede, aux Provinces Unies, à la Maison d'Autriche, aux Villes Anséatiques, 326.

Provinces-Unies, relativement à la Suede, au Dannemarc, à la Ville de Dantzic, à la maison d'Autriche, 333.

Puissances du Nord, relativement à leurs intérêts & à l'Empire, 341.

ARTICLE II.

Espagne, Angleterre,   346.

Angleterre, Ruſſie,   350.

France, Angleterre, Provinces-Unies, 353.

France, Dannemarc,   358.

1641. *Traité de Paris, entre la France & le Portugal.*

1642.   *de Londres, entre l'Angleterre & le Portugal.*

1648.   *de Munſter, entre l'Eſpagne & les Provinces-Unies, entre la France & l'Empire.*

1655.   *de Weſtminſter, entre la France & l'Angleterre.*

1656.   *de la Haye, entre les Provinces-Unies & la Ville de Dantzic.*

1657.   *de Velau, entre la Pologne & la Pruſſe.*

1659.   *des Pyrénées, entre la France & l'Eſpagne.*

1660.   *de Londres, entre l'An-*

1660.   gleterre & le Dan-
              nemarc.

1660. Traité d'Oliva, entre la Suede
              d'une part, & la Po-
              logne, la Prusse &
              la Maison d'Autri-
              che de l'autre.

1660.   de Coppenhague, entre la
              Suede & le Danne-
              marc.

1661.   de Pleyssemond, entre la
              Suede & la Russie,

1661   de la Haye, entre le Por-
              tugal & les Provin-
              ces-Unies.

1666.   de la Haye, entre le
              Dannemarc & les
              Provinces-Unies.

1666.   de Stokholm, entre l'An-
              gleterre & la Suede.

1667.   de Madrid, entre l'An-
              gleterre & l'Espa-
              gne.

1667.   de Breda, entre l'An-
              gleterre & les Pro-
              vinces-Unies, l'An-
              gleterre & la Fran-
              ce,

1667.   ce, *l'Angleterre & le Dannemarc.*

1667. *Traité de la Haye, entre la Suede & les Provinces-Unies.*

1668.   *de Lisbonne, entre l'Espagne & le Portugal.*

1669.   *de Westminster, entre l'Angleterre & le Dannemarc.*

1670.   *de Madrid, entre l'Espagne & l'Angleterre.*

1675.   *de Londres, entre l'Angleterre & les Provinces-Unies.*

1679.   *de Nimegue, entre la Suede & l'Empereur.*

1686.   *de Moscou, entre la Pologne & la Russie.*

1688.   *de Berlin, entre le Dannemarc & les Provinces-Unies.*

1696.   *de Turin, entre la France & la Maison de Savoye.*

1697.   *de Ryswick, entre la France & l'Angle-*

1697. *terre, la France &* *l'Empire.*

1701. *Traité de Coppenhague, entre le Dannemarc & les Provinces-Unies.*

1713 *d'Utrecht, entre la France & l'Angleterre, entre la France & la Maison de Savoye, entre la France & le Portugal, entre la France & les Provinces-Unies, entre l'Espagne & l'Angleterre.*

1713. *Contrat de l'Assiento, entre l'Espagne & l'Angleterre.*

1714. *Traité de Radstat, entre la France & l'Empire.*

1714. *d'Utrecht, entre l'Espagne & les Provinces-Unies.*

1714. *de Bade, entre l'Empire & la France.*

1715. *d'Utrecht, entre l'Espagne & le Portugal.*

1715. *de Soleure, entre la Fran-*

1715.   ce d'une part, & les Cantons Catholiques de la Suisse & la République de Valais de l'autre.

1715. Traité d'Anvers ou de la Barriere.

1715.   de Madrid, entre l'Espagne & l'Angleterre.

1716.   de Paris, entre la France & les Villes Anséatiques de Lubeck, Bremen & Hambourg.

1720.   de Stokholm, entre la Suede & le Dannemarc, entre la Suede & la Prusse.

1721.   de Madrid, entre l'Espagne & l'Angleterre, entre les mêmes & la France.

1721.   de Neustadt, entre la Suede & la Russie.

1727. Convention de la Haye, entre la France & les Provinces-

1727. *Unies. Résolution des Etats Généraux en explication de cette Convention.*

1729. *Traité de Seville , entre la France , l'Espagne & l'Angleterre.*

1731. *de Vienne , entre l'Angleterre & la Maison d'Autriche.*

1731. *de Florence , entre l'Espagne & la Toscane.*

1732. *Acte d'Accession des Provinces-Unies au Traité de Vienne de l'année précédente entre l'Angleterre & la Maison d'Autriche.*

1734. *Traité de Petersbourg, entre l'Angleterre & la Russie.*

1738. *de Vienne , entre la France & l'Empire.*

1739. *de Versailles , entre la France & les Provinces-Unies.*

1742. *de Coppenhague , entre la France & le Dannemarc.*

Fin de la Table.

LE

* * * * * * * * * * * * * * * * * * *

LE
DROIT PUBLIC
DE L'EUROPE,

FONDE' SUR LES TRAITEZ
conclus jufqu'en l'année 1740.

CHAPITRE SEPTIE'ME.

Pacification d'Utrecht , Traités &
Négociations qui y ont rapport.

A Paix de Ryfwick ne fut
regardée que comme une
treve , dont les Puiffances
belligérantes étoient convenues pour réparer leurs forces, &
fe difputer enfuite avec plus de chaleur la fucceffion de Charles II. à qui
les infirmités continuelles ne permet-

toient pas d'efperer une plus longue
carriere. La facilité avec laquelle
la France avoit cédé prefque toutes
fes conquêtes ; l'empreffement de la
Cour de Londres & des Etats Généraux à terminer les querelles de la
Maifon d'Autriche avec la Porte Ot-
tomane ; les obftacles fecrets que la
France apportoit à cet accommodement ; l'importance du procès qui
alloit être bientôt ouvert ; la diverfité
d'intérêt qui partageoit les Puiffances
les plus confidérables de l'Europe ;
tout annonçoit une guerre certaine.

A l'occafion de la Paix de Nimegue, j'ai parlé du fiftême de l'équilibre ; j'ai fait voir qu'il étoit l'ouvrage
de l'ambition du Prince d'Orange ,
& que les ennemis de la France le
croyoient ruiné , s'ils ne forçoient
cette Couronne à fe dépoüiller de
tout ce qu'elle avoit acquis depuis le
Traité des Pyrenées. D'ailleurs ils
avoient pris des engagemens avec
l'Empereur Léopold, pour faire paffer
entre les mains de fes fils , tous les
Domaines de la Branche aînée de fa

Maison. De quel œil devoit-on donc voir les prétentions de la France sur l'Espagne ? Quelque impraticable que dût paroître un accommodement dans ces conjonctures, on le tenta cependant. Les premieres ouvertures furent heureufes, & fi l'on vit fe former à la Haye des Négociations qui tendoient à prévenir une rupture générale ; c'eft que l'ambition du Roi Guillaume étoit fatisfaite, que ce Prince affermi fur le Trône d'Angleterre, & n'ayant plus le même befoin qu'autrefois de s'agiter, de faire la guerre, de troubler l'Europe, & de la foulever contre la France, c'étoit fait de nouveaux principes conformes à fa nouvelle fituation.

Par le premier Traité de partage conclu à la Haye le 11 Octobre 1698. le fils aîné de l'Electeur de Baviere devoit recüeillir tout l'héritage de Charles II. à l'exception de quelques Etats qu'on en démembroit ; tels étoient le Milanez donné à l'Archiduc Charles, fecond fils de Léopold, & le Royaume des deux Siciles,

les Ifles adjacentes, les Places de la côte de Tofcane, le Marquifat de Final & la Province de Guipufcoa qu'on cédoit au Dauphin.

La mort précipitée du jeune Prince Electoral ne laiffa pas fubfifter long temps ces difpofitions ; la France, l'Angleterre & les Provinces-Unies prirent de nouvelles mefures. Le fecond Traité de partage, figné à Londres le 3 Mars 1700, & à la Haye le 25 du même mois, donnoit au Dauphin les mêmes Provinces que le Traité de 1698. On y ajoutoit les Duchés de Lorraine & de Bar, en cédant le Milanez à la Maifon de Lorraine. Mais comme fi on eût craint que cet échange ne fut pas accepté, il étoit libre de donner le Duché de Milan à l'Electeur de Baviere ou au Duc de Savoye, à condition que dans le premier cas, le Duché de Luxembourg & le Comté de Chyni, feroient cedés au Dauphin ; & que dans le fecond ce Prince entreroit en poffeffion du Duché de Savoye, du Comté de Nice & de la Vallée de

Barcelonnette. L'Archiduc Charles devoit poffeder le refte de la fuccef-fion Efpagnole. Enfin il étoit reglé que la Couronne d'Efpagne & les Indes ne pourroient jamais apparte-nir à un Prince qui feroit Empereur ou Roi des Romains, Roi de Fran-ce ou Dauphin.

· Ces difpofitions étoient trop peu conformes à la politique que le Roi Guillaume avoit mife à la mode, pour qu'elles puffent avoir lieu. Les Né-gociations de Londres & de la Haye, parurent une énigme impénétrable , quoiqu'il fut aifé d'en deviner le fens. Les uns regardoient les Traités de partage comme un attentat contre le droit des gens ; les autres comme un complot tramé & conduit par des Miniftres vendus à la France. On de-demandoit de quel droit l'Angleterre & les Provinces-Unies s'étoient fait juges dans une querelle qui devoit être décidée par les loix des Efpa-gnols. S'étoit-on foumis à leur arbi-trage ? Avoit-on difcuté les préten-tions & les titres de chaque Puiffance ?

Au contraire Charles II. & Léopold
fe plaignoient hautement, ils étoient
fecondés par tous les Princes qui
voyoient avec jaloufie l'agrandiffement de la France, & qui déclamant
par habitude en faveur de l'équilibre,
regardoient déja comme préfent l'ef-
clavage de l'Europe.

Il étoit difficile dans ces circonftances que le dernier Traité de partage fit fortune. Attaqué de tout côté,
Léopold feul pouvoit lui donner quelque autorité en y accédant; mais étoit-
il de l'intérêt de ce Prince de le faire?
Perfuadé que Charles II. ne tefte-
roit qu'en faveur de fa Maifon, &
que l'Europe ne fouffriroit jamais un
Bourbon fur le Trône d'Efpagne, il
ne craignoit point que le fort des armes fît perdre à fon fils les Etats qu'on
étoit convenu de lui donner. Il devoit
fe porter d'autant plus aifément à ne
fouffrir aucun démembrement de la
Monarchie Efpagnole, qu'il étoit ac-
coutumé depuis long-temps à faire la
guerre fans en reffentir les inconvéniens. Elle lui valoit des fubfides dont

la paix le privoit, & fa Maifon avoit conftamment recüeilli le fruit de tout le fang que fes Alliés avoient perdu, & des dépenfes qu'ils avoient faites.

· D'ailleurs en fe déclarant contre le partage, Léopold ne devoit pas craindre qu'on le laifsât à la merci de la France. Il voyoit que les Princes d'Italie défaprouvoient un Traité qui, felon eux, ouvroit leur Pays aux Franҫois. Il étoit sûr d'entraîner dans fon parti les Provinces - Unies. Il con- noiffoit les difpofitions du Parlement d'Angleterre ; la politique de l'équi- libre étoit devenue fon idole. Il n'i- gnoroit pas que fi Guillaume III. s'étoit prêté à une négociation avan- tageufe à la France, il abandonneroit fon ouvrage, & feroit encore la guer- re, foit pour ne pas déplaire à fes fu- jets, foit pour ne fe pas deshonorer lui-même, en renonçant aux principes par lefquels il s'étoit toujours conduit depuis 1672.

‹ La France ne compta plus fur le Traité de partage ; il fallut perdre l'efpérance flateufe de réunir à fon

Domaine de riches Provinces ; & dans
la fituation où je viens de repréfenter
fes Alliés & fes voifins, il ne lui reftoit
point d'autre reffource que de fe tour-
ner du côté de la Cour de Madrid,
& de porter Charles II. même à au-
torifer les droits légitimes du Duc
d'Anjou fur fa fucceffion entiere ; avantage, comme je vais le prouver, cer-
tainement inférieur au premier, quoique les ennemis de Louis XIV. n'ayent
jamais voulu en convenir.

Il me femble que les Puiffances
qui lui déclarerent la guerre, blefferent
les loix de la juftice, & ne fe condui-
firent même pas felon leurs vrais intérêts. L'Empereur Léopold fondoit fes
droits à la fucceffion de Charles II.
fur la renonciation de Marie-Therefe
d'Autriche, ratifiée par le Traité des
Pyrénées, & confirmée par le teftament de Philippe IV. Mais jamais titre
fut - il établi fur des fondemens moins
folides ? L'objet qu'on s'étoit propofé
dans la renonciation dont je parle,
c'étoit de prévenir l'union des Couronnes de France & d'Efpagne ; &

pour s'en convaincre il ne faut que
lire cet acte même, & le dix-septiéme
article du testament de Philippe IV.
Dès que ce motif cessoit, l'ordre naturel & légitime de succession, comme le reconnoît Charles II. dans le
treiziéme article de son testament, ne
pouvoit être changé ; & par une conséquence nécessaire, le Duc d'Anjou
étoit appellé au Trône d'Espagne.

J'ai ajoûté que les Alliés de la
Maison d'Autriche n'avoient point
consulté leurs intérêts en déclarant la
guerre à la France & au nouveau Roi
d'Espagne. Quel étoit en effet le sujet
de leurs plaintes ? Il est aisé de s'en
instruire par le Traité même d'alliance
qu'ils signerent à la Haye le 7. Septembre 1701. Les ennemis de la Maison de Bourbon se plaignent que Philippe V. aidé des forces de son ayeul,
se soit emparé de toute la succession
de Charles II. Ils voyent avec colere
les François dans les Pays-Bas, &
leurs vaisseaux dans les ports des Indes
Espagnoles. Les Provinces - Unies
croyent ne plus avoir de barriere con-

tre la France. On appréhende que cette Puiffance étroitement unie avec l'Efpagne , n'enleve à l'Empire fes droits fur l'Italie ; aux Anglois & aux Hollandois la liberté de leur navigation & de leur commerce ; & que l'Europe entiere ne devienne leur conquête. Les Provinces-Unies demandent des places de fûreté , & on exige que la Cour de Madrid céde quelques-unes de fes Provinces aux fils de l'Empereur.

Jamais allarmes ne furent plus injuftes , & demandes moins fages. Si l'union de la France & de l'Efpagne étoit un malheur pour leurs voifins , pourquoi en refferroient-ils les nœuds par leurs menaces ? Si Philippe V. eût hérité fans obftacle du Trône de Charles II. on n'auroit point vu les François dans les Forterefles des Pays-Bas , ni dans les ports des Indes Efpagnoles ; en un mot les deux Nations fentant moins la néceffité d'être unies, fe feroient dès - lors conduites fuivant leurs anciens intérêts. Loüis XIV. dans un âge déja avancé, connoiffoit

trop bien la foibleſſe où ſe trouvoient
les Etats de ſon petit Fils, pour ſe
livrer aux projets d'une vaſte ambition ; & l'on ne devoit point craindre
de trouver entre leurs Succeſſeurs la
même union qui avoit regné entre les
Héritiers de Charles-Quint & de Ferdinand I. Par la ſituation même de
leurs Etats, les deux Branches de la
Maiſon d'Autriche ne pouvoient s'a-
grandir l'une aux dépens de l'autre ;
toute ſource de diviſion étoit ôtée,
& leur alliance les rendoit redoutables
à leurs ennemis. Il n'en eut pas été
de même à l'égard des deux Branches
de la Maiſon de Bourbon ; le voiſina-
ge les eût expoſées à des diſcutions
fréquentes, & à des ſoupçons conti-
nuels; bornées l'une par l'autre, & ne
pouvant par conféquent avoir le même intérêt, elles n'auroient pas été
long temps amies, ou la France auroit abandonné les projets d'ambition
qu'on lui reprochoit, & qui allarmoient
ſes voiſins. Dans l'un & dans l'autre
cas l'élevation du Duc d'Anjou au
Trône d'Eſpagne, devenoit inutile

pour les François. Les Provinces-
Unies n'avoient pas besoin d'une barriere, où elles en avoient une plus
avantageuse que celle qu'elles ont ac-
quise par les Traités d'Utrecht ; &
leur commerce & celui des Anglois
étoient en sûreté. En un mot l'Espagne conservant nécessairement son ancienne politique sous ses nouveaux
maîtres, auroit été l'alliée naturelle
des défenseurs de l'équilibre, au premier mouvement de jalousie que lui
eut inspiré la Cour de France.

Je ne crains point d'avancer un pa-
radoxe, en disant que l'Angleterre &
les Provinces-Unies, loin de défendre, ne travailloient qu'à ruiner le
sistême de l'équilibre, quand elles se
proposerent de faire céder à Léopold
les Domaines que les Espagnols pos-
sedoient dans les Pays-Bas & en Italie. Il est vrai que par cette politique,
les Alliés agrandissoient la puissance
de la Cour de Vienne, mais ils aug-
mentoient encore plus considérable-
ment celle de la France, en levant eux-
mêmes tous les obstacles qui s'oppo-

foient à l'union conftante de cette Couronne avec l'Efpagne. Tout le monde
doit fentir que fi la Monarchie Efpagnole n'eut fouffert aucun démembrement, elle eût continué à avoir les
mêmes intérêts que fous les Princes
Autrichiens, & que fon premier objet
auroit toujours été de recouvrer ce
qu'elle avoit perdu depuis la Paix des
Pyrenées. En voyant au contraire
échapper de fes mains l'Italie & les
Pays-Bas, la Cour de Madrid devoit
oublier fes anciennes difgraces, pour ne
s'occuper que des nouvelles. Il falloit
qu'elle regardât la Cour de Vienne,
l'Angleterre & les Provinces-Unies,
comme fes ennemies ; elle devoit par
une fuite néceffaire fe jetter dans les
bras de la France. Dès-lors ces deux
Puiffances ont les mêmes ennemis &
les mêmes intérêts, & la France pof-
féde en quelque forte toutes les forces
que les Alliés n'ont pas enlevées aux
Efpagnols.

Si l'on fut parti de ce point de vüe
dans les Négociations qui fe firent à
la Haye après la mort de Charles II.

il n'eſt pas douteux qu'on n'eut épar-
gné à l'Europe une des plus cruelles
guerres dont elle ait été affligée. Mais
la paſſion aveugloit tous les eſprits ;
on ne s'étoit même jamais fait une
idée juſte du fiſtême de l'équilibre ;
on croyoit qu'il devoit être établi ſur
une égalité de puiſſance entre la Maiſon de Bourbon & la Maiſon d'Autriche. Principe faux, puiſque l'une peut
s'agrandir, & l'autre perdre ſes poſ-
ſeſſions ſans que la France en retire
aucun avantage ; ſoit parceque ſes
Princes, en acquerant une Couronne,
peuvent avoir des intérêts oppoſés aux
ſiens ; ſoit parceque les terres de la
Maiſon d'Autriche peuvent être unies
à des Etats ennemis des François.

On pourroit peut-être croire que
l'Angleterre & les Provinces-Unies
connurent enfin leur erreur, qu'elles
en craignirent les ſuites, & que c'eſt
pour réparer les fautes que je viens
de relever dans leur conduite, qu'en
traitant avec le Portugal le 16. May
1703. elles convinrent de ne point
quitter les armes, que le Duc d'Anjou

n'eût renoncé, en faveur de l'Archiduc Charles , à fes prétentions fur la
Monarchie Efpagnole, & fur chacune
de fes parties. Il eft plus jufte de penfer que leurs premiers fuccès augmen-
terent leurs efperances , & la haine
qu'ils portoient à la France. La dureté
des Conférences de Gertruydenberg
eft une preuve que les Alliés conful-
toient plus leurs paffions que les maximes d'une politique éclairée. On agit
peu conféquemment pendant la guerre
de 1701. après la mort même de l'Empereur Jofeph, dont l'Archiduc Charles étoit héritier, les Puiffances qui
combattoient pour maintenir l'équilibre, ne firent-elles pas les plus grands
efforts pour faire revivre une Puiffance plus formidable que celle de Charles-Quint même ?

La fufpenfion d'Armes , fignée à
Paris le 19. Août 1712, entre la
France & l'Angleterre, fut le fignal
de la Paix. Le 11. Avril de l'année
fuivante , Loüis XIV. fit fon accommodement particulier, par cinq Traités
différens, avec l'Angleterre, le Portu-

gal, la Pruffe, la Savoye & les Provinces-Unies. L'Efpagne fuivit cet
exemple, & le 13. Juillet 1713, elle
figna fa Paix avec l'Angleterre & la
Savoye. Le 26. Juin 1714, elle traita
avec les Etats Généraux, & le 6. Fevrier de l'année fuivante avec le Portugal. Tous ces Actes fürent fignés
à Utrecht, de même que le Traité de
l'Empereur & du Roi de Pruffe, (du
2. Avril 1713.) au fujet de la haute
Gueldre, & celui qu'on nomme communement de Garantie, conclu le 30.
Janvier 1713. entre l'Angleterre &
les Provinces-Unies.

En 1714. la France fit fa Paix avec
l'Empereur & l'Empire par les Traités de Radftat & de Bade, l'un du 26.
Mars, l'autre du 7. Septembre. L'année fuivante l'Empereur, le Roi d'Angleterre & les Etats Généraux paffé-
rent à Anvers, le 15. Novembre, le
célebre Traité de la Barriere des Pays-
Bas. Malgré tant de négociations terminées avec fuccès, il reftoit à fixer
les droits & les prétentions refpecti-
ves de l'Empereur & du Roi d'Efpagne.

gne. Il est vrai que ces Princes ne se faisoient plus la guerre depuis la Neutralité signée pour l'Italie, & l'évacuation de la Catalogne ; mais dans l'agitation où étoient encore les esprits, les Traités les plus solemnels n'auroient pas suffi à les calmer.

La mort de Loüis XIV. arrivée sur ces entrefaites, changea absolument la face des affaires. Son Successeur étoit à peine sorti du berceau ; son tempérament paroissoit foible & délicat ; plus ses jours étoient précieux, plus l'amour des François pour leur Roi étoit ingénieux à multiplier leurs allarmes. En le perdant, le sort de l'Etat devenoit incertain, & la France auroit peut-être été replongée dans de plus grands malheurs que ceux qu'elle venoit d'éprouver. Depuis la paix d'Utrecht, feu M. le Duc d'Orleans, Regent du Royaume, en étoit l'héritier présomptif; mais on soupçonnoit que l'Espagne, soit qu'elle crût ses renonciations invalides, soit qu'elle se flatât de pouvoir les interprêter d'une maniere favorable à ses intérêts, feroit valoir fes droits, fi la France avoit le malheur de perdre fon Roi, avant qu'il eût un Fils. La politique de l'Europe ne pouvoit être oifive à la vûe de fi grands intérêts ; la défunion des Cours de Verfailles & de Madrid, pouvoit infpirer quelque joye à leurs voifins ; mais on craignoit d'autant plus une nouvelle Guerre, qu'on avoit été épuifé par celle qui venoit d'être terminée. L'Efpagne fortoit de l'état de langueur où elle étoit tombée fous les derniers Princes Autrichiens ; M. le Cardinal Alberoni avoit communiqué aux refforts du Gouvernement l'activité de fon génie ; ce n'étoit plus cette Puiffance qui obéiffoit avec pefanteur aux impreffions étrangeres, elle tenoit tous les Etats en branle, & étoit devenue, par une efpece de prodige, l'ame de tous leurs mouvemens. M. le Duc d'Orleans profita des allarmes qu'infpiroit la Cour de Madrid, pour affermir la Paix dont la France avoit befoin. Il crut qu'il étoit de l'intérêt même du Royaume, en cas que le Roi mourût,

d'affurer fes droits d'une maniere qui
prévint toute guerre civile & étrangere.

L'année 1716. fut employée en
négociations entre la France , l'Angleterre & les Provinces-Unies ; &
dans la fuivante , ces Puiffances fignerent à la Haye le Traité de la Triple-
Alliance. La France fe chargeoit d'engager le Chevalier de Saint Georges
à fortir du Comtat d'Avignon pour fe
retirer au-delà des Alpes. Chaque
Contractant promettoit de ne donner
aucun azile aux perfonnes qui feroient
déclarées rebelles par l'un des deux
autres. On garantiffoit toutes les difpofitions des Traités d'Utrecht , & en
particulier la fucceffion de la Couronne d'Angleterre dans la Ligne Pro-
teftante ; & en cas de troubles do-
meftiques ou d'attaque de la part de
quelque ennemi étranger , on fe promettoit un fecours prompt & efficace.

Ce n'eft que par cette fage politique qu'il étoit poffible de rendre
inutiles les projets de M. le Cardinal
Alberoni , qui fongeant à la fois à

B 2

troubler la France par des intrigues, à conquerir l'Italie par les armes, & à faire des ennemis à l'Angleterre dans le Nord, recommença les hostilités en 1717. par l'invasion de la Sardaigne. L'Angleterre envoya dans la Mediterranée une Flote au secours de l'Empereur, & la France fit une diversion du côté des Pyrenées. Les Alliés ne se proposoient point de faire des Conquêtes sur l'Espagne ; leur objet étoit d'affermir la Paix, & c'est pour y parvenir plus surement, qu'on signa à Londres le 2 Août 1718. le Traité de la Quadruple Alliance ; on y faisoit quelques changemens aux dispositions qui avoient été arrêtées à Utrecht en faveur de la Maison de Savoye, & pour flater la Cour de Madrid irritée, on lui accordoit tout ce qu'elle pouvoit prétendre au sujet des successions de Parme & de Toscane.

La Cour de Turin sentit qu'il falloit se rendre, & dès le 2 Novembre 1718. elle accéda au Traité de la Quadruple Alliance par un acte authentique. La fermeté de M. le Cardinal Alberoni n'en fut point ébranlée, mais fuccombant enfin fous le poids de fon entreprife, il fut difgracié, & le Roi d'Efpagne preffé par les follicitations des Provinces-Unies, figna fon acceffion le 17 Fevrier 1720. Le 13 Juin de l'année fuivante, il conclut à Madrid deux Traités, l'un de Paix avec l'Angle-terre, l'autre d'Alliance défenfive avec cette même Couronne & la France. Dans le premier, les deux Contrac-tans renouvellent tous les engagemens pris à Utrecht, & conviennent de réparer tous les torts qu'ils fe font faits mutuellement pendant la courte guerre, qui a été terminée par l'ac-ceffion de l'Efpagne à la Quadruple Alliance. Dans le fecond, les Cours de France, de Madrid & de Londres, fe garantiffent l'entiere exécution des Traités d'Utrecht, de Bade, de Londres, & de ceux qui feront con-clus dans le Congrès de Cambrai. S'il arrivoit qu'un des Contractans fut attaqué, chacun des deux autres s'engage à lui donner un fecours de huit mille hommes d'infanterie , & de quatre mille chevaux , à moins que l'offenfé ne préfere un fecours proportionné en argent comptant ou en Vaiffeaux, foit de guerre, foit de tranfport. On augmentera ces fecours fuivant l'exigence du cas , & enfin les Anglois & les François font confirmés dans la jouiffance de tous les Priviléges qui leur ont été accordés par rapport au Commerce. Je vais rendre compte de tous les Traités que j'ai indiqués , j'expoferai enfuite ce qui regarde le Congrès de Cambrai, où les Princes que la Succeffion d'Efpagne avoit armés les uns contre les autres , envoyerent leurs Miniftres dans la vuë d'affermir la Paix naiffante par un Traité général & définitif.

FRANCE. LORRAINE.

Philippe V. déclare aux Etats du Royaume d'Efpagne affemblés à Madrid, que pour parvenir à la Paix

générale & affurer la tranquillité de
l'Europe, il renonce de fon propre
mouvement, de fa volonté libre, &
fans aucune contrainte, pour lui, pour
fes Héritiers & Succeffeurs , pour
toujours & à jamais, à tous droits ,
titres & prétentions , que lui ou aucun de fes defcendans ont dès à
préfent , ou pourront avoir en quelque temps que ce foit, à la Succeffion de la Couronne de France ;
qu'il s'en tient pour exclus , lui, fes
enfans , héritiers & defcendans , à
perpétuité. Il confent que fon droit
de fuccéder, foit transferé à celui des
Princes que l'ordre de la naiffance
appelle à fon défaut au Trône de
France. Il regarde comme nulles, &
non avenues les Lettres Patentes du
mois de Decembre 1700. par lef-
quelles Loüis XIV. lui conferve, de
même qu'à fes defcendans , tous les
droits de leur naiffance , de la même
maniere que s'ils euffent fait leur
réfidence actuelle en France. Philippe V. ajoûte que fi lui ou quelqu'un
de fes Succeffeurs , vouloit s'emparer

de ce Royaume par la force des armes ; il veut que cette Guerre foit tenuë, jugée & déclarée pour illicite, injufte, mal entreprife, & pour violence, invafion, & ufurpation faite contre la raifon & contre la confcience ; & qu'au contraire l'on juge & qualifie pour jufte, licite & permife, la Guerre qui fera faite ou foutenue par celui qui, au moyen de fon exclufion & de celle de fes defcendans, devra fuccéder à la Couronne de France. Ce Prince s'engage en fon nom, & en celui de fa poftérité, de ne faire aucune proteftation ni réclamation contre le préfent Acte de renonciation ; il fait ferment au contraire fur les Evangiles, de l'obferver avec fidélité, & ce ferment demeurera entier nonobftant toutes les difpenfes qui pourroient-être accordées. *Acte de renonciation du Roi d'Efpagne Philippe V. à la Couronne de France, donné à Madrid le 5. Novembre 1712. il fait partie des Traités conclus à Utrecht entre la France & l'Angleterre, article 6. entre la France*

France & les Provinces-Unies, art. 3 1.
entre l'Espagne & l'Angleterre, art. 2.
entre l'Espagne & les Provinces-Unies,
art. 37. entre l'Espagne & la Sa-
voye, art. 3. &c.

Il est inutile de parler ici de la
renonciation du Duc de Berry à tous
ses droits sur la Couronne d'Espagne,
ce Prince étant mort sans laisser de
postérité.

Philippe, petit-fils de France, Duc
d'Orleans, &c. se désiste pour lui &
au nom de tous ses successeurs &
descendans, de tous les droits qu'il
peut avoir sur la Couronne d'Espagne. De sa pure, libre & franche
volonté, il déclare qu'il consent &
qu'il veut que lui & les siens, sans
limitation de temps, ni distinction de
personnes, de dégrés & de sexe,
soient tenus pour exclus, inhabiles &
incapables de succéder à Philippe V.
ou à sa postérité. A leur défaut la
Couronne d'Espagne passera à la Maison du Duc de Savoye. Philippe
d'Orleans ratifie la renonciation de la
Reine Anne d'Autriche, son Ayeule,

Tome I. C

à la fucceffion Efpagnole, & toutes les
claufes que les Rois Philippe III. &
Philippe IV. ont inferées dans leur
Teftament. Il renonce au droit qui
peut appartenir à fa Maifon, en vertu
de la Déclaration faite à Madrid, le
29 Octobre 1703. par Philippe V.
Roi d'Efpagne. Tout moyen qui pourroit affoiblir le préfent Acte, eft déclaré abufif, & toute Guerre entreprife au contraire, fera tenuë pour
injufte, & induëment entreprife. Le
Duc d'Orleans jure fur les Evangiles,
de garder, maintenir & accomplir en
tout fes promeffes. Ce ferment demeurera entier malgré les difpenfes
qui pourroient-être accordées. *Acte
de renonciation de Philippe, petit-fils
de France, Duc d'Orleans, &c. à fes
droits fur la Couronne d'Efpagne, figné
au Palais-Royal, le 19 Novembre
1712.* Cet Acte fait partie des mêmes
Traités où l'on trouve la renonciation
de Philippe V. à la Couronne de
France.

Ces renonciations ont été confir-
meés par les Lettres Patentes que

Loüis XIV. donna dans le mois de
Mars 1713. & qui ont été enregiftrées
dans tous les Parlemens du Royaume.
„ Nous voulons, dit ce Prince, que
„ conformément à l'Acte de renon-
„ ciation de notre Frere & petit-fils
„ le Roi d'Efpagne, il foit déformais
„ regardé & confideré, comme exclus
„ de notre fucceffion, que fes héri-
„ tiers, fucceffeurs & defcendans, en
„ foient auffi exclus à perpétuité, &
„ regardés comme inhabiles à la re-
„ cüeillir. Entendons qu'à leur défaut,
„ tous droits qui pourroient en quel-
„ que temps que ce foit, leur compe-
„ ter & appartenir fur notredite Cou-
„ ronne & Succeffion de nos Etats,
„ foient & demeurent transferés à no-
„ tre très-cher & très-aimé petit-fils
„ le Duc de Berry, & fes enfans &
„ defcendans mâles, nés en loyal
„ mariage, & fucceffivement, à leur
„ défaut, à ceux des Princes de notre
„ Maifon Royale & leurs defcendans,
„ qui par le droit de leur naiffance &
„ par l'ordre établi depuis la fonda-
„ tion de notre Monarchie, devront
C 2

,, fuccéder à notre Couronne.

,, Ainfi donnons en Mandement à
,, nos Amés, &c. que ces Préfentes,
,, avec les Actes de renonciation faits
,, par notredit Frere & petit-fils le
,, Roi d'Efpagne, notre petit-fils le
,, Duc de Berry, & par notre neveu
,, le Duc d'Orleans, ils ayent à faire
,, lire, publier & enregiftrer, & le
,, contenu en iceux, garder, obfer-
,, ver, & faire exécuter, &c.

Les Cortes ou Etats Généraux
d'Efpagne, approuvérent & confir-
mérent la renonciation de Philippe V.
à la Couronne de France, par un
Acte folemnel du 9 Novembre 1712.
ils apportérent même quelque changement à l'ordre de la fucceffion établi dans leur Monarchie. Jufqu'alors
les filles avoient hérité de la Couronne au préjudice des Princes de leur
Maifon, qui étoient dans un dégré
plus éloigné qu'elles. Aujourd'hui elles
ne font appellées à la fucceffion qu'au
défaut des mâles, & ceux-ci doivent
fe fuccéder fuivant l'ordre établi à cet
égard dans le Royaume de France.

Quelques perſonnes ont prétendu que pour affermir les diſpoſitions de la Paix de 1713. les Alliés auroient dû demander la convocation des Etats Généraux de France, & exiger que la Nation eût renoncé de ſon côté aux droits qu'elle a ſur Philippe V. & ſur ſes deſcendans, au défaut de mâles dans la Branche regnante de la Maiſon de Bourbon. On répond que cette précaution eût été néceſſaire dans un Etat, tel que l'Angleterre, où le Peuple partage avec le Prince, l'autorité légiſlative, mais elle eſt inutile en France. Les Lettres Patentes de Loüis XIV. tiennent lieu de l'Acte qu'on auroit demandé à ſa Nation; puiſqu'elles ordonnent de regarder Philippe V. & ſes deſcendans, comme exclus de ſa ſucceſſion, & que par le droit public des François, la volonté de leur Prince enregiſtrée dans les Cours Souveraines, fait leurs Loix.

Peut-être m'objectera-t-on qu'il s'agit ici de l'ordre de la ſucceſſion, c'eſt-à-dire d'une Loi fondamentale que les Rois de France, comme ils

C 3

l'ont déclaré eux-mêmes, ne font pas
les maîtres de changer. On peut encore donner à cette difficulté, des ré-
ponfes fatisfaifantes. Premierement, je
ne vois point ce qui pourroit borner
en ceci le pouvoir d'un Roi de France, puifqu'il joüit de toute l'autorité
de la Nation, & qu'une Nation peut
abroger à fon gré fes Loix fondamen-
tales. En fecond lieu, l'ordre de fucceffion refte toûjours le même, malgré
la renonciation de Philippe V. On
peut regarder fimplement cette renonciation comme une exception à la
regle générale, ou comme une forte
d'abdication que les Princes, dans
tous les temps, & dans tous les Etats
purement Monarchiques, ont toûjours
faite fans le confentement de leur
Peuple. D'ailleurs en convenant même que les arrangemens pris à Utrecht,
portent atteinte à l'ordre de fucceffion
établi en France, ne peut-on pas dire
que la Nation Françoife y a donné
fon confentement du moins tacite,
puifqu'aucun Corps de l'Etat ne s'eft
oppofé par des repréfentations à l'en-

regiftrement des lettres Patentes de
Louis XIV ?

Les renonciations forment un objet
très-important dans le Droit Public
de l'Europe. Il feroit curieux d'examiner les principes de chaque Nation
fur cette matiere, & de rapporter les
fentimens des plus fameux Jurifconfultes, en faifant voir fur quels motifs
ils font appuyés ; mais cette digreffion
m'entraîneroit trop loin. D'ailleurs je
n'ofe pas me fiater que ce que je pourrois dire fur la validité ou l'invalidité
des renonciations, fut adopté par les
politiques : ils ont intérêt que cette
queftion demeure indécife.

Tous les articles des renonciations
précédentes feront religieufement ob-
fervés, & ils auront force de *Prag-*
matique Sanction. Il eft arrêté dans les
termes les plus forts que la France &
l'Efpagne formeront toujours deux
Etats féparés, & que fans égard à au-
aucun droit, le même Prince ne
pourra jamais les poff* éder à la fois.
Traités d'U. Fr. Ang. art. 6. Fr. Hol.
art. 31. Fr. Savoye, art. 6. Efp. Ang.

art. 2. *Esp. Hol. art.* 37. *Esp. Savoye,*
art. 3. *T. de la Quadruple Alliance,*
chap. 3. *art.* 4.

Le Roi de Pruſſe cede au Roi très-
Chrétien les Terres de la ſucceſſion
du Prince de Naſſau-Friſe, qui ſont
ſituées en France ; & s'engage à ſatisfaire tous ceux qui pourroient y avoir
droit. *T. d'U. Fr. Pruſſe*, *art.* 10.
Les différends qu'il y avoit entre la
Maiſon de Brandebourg & la Maiſon
de Naſſau-Orange au ſujet de cette
ſucceſſion, ne furent terminés qu'en
1732. par le Traité de Berlin du 13.
May. Il y eſt dit, *art.* 2. *&* 3. que le
Roi de Pruſſe aura dans ſon partage
la Principauté d'Orange avec les Seigneuries de la ſucceſſion de Châlon
& de Chaſtel-Belin qui ſont ſituées
en France, & qu'il a cédées au Roi
très-Chrétien par le Traité d'Utrecht.
Le Prince de Naſſau-Orange déclare
qu'il acquieſce à cette ceſſion, & qu'il
ſe croit dédommagé des prétentions
qu'il a ſur ces Domaines, par la poſſeſſion des autres Terres qui lui ſont
données par le Roi de Pruſſe, & dont

on verra l'état plus bas. Le Roi Guillaume par son testament du 28. Octobre 1695, avoit institué pour son héritier unique & universel son cousin le Prince Frison de Nassau.

Le Duc de Savoye cede la Vallée de Barcelonnette à la France qui la possedera en toute souveraineté. *T. d'U. Fr. Savoye, art. 4.*

Les Traités de Westphalie, de Nimegue & de Ryswick serviront de fondement aux Traités de Radstat & de Bade. *T. de Rad. art. 3. T. de Bade, art. 3.*

Les articles du Traité de Ryswick concernant le Duc de Lorraine, seront exécutés selon leur teneur. *T. de Rad. art.* 12. *T. de Bade, art.* 12. Après la publication de cette Paix on nomma des Commissaires pour convenir des arrangemens les plus convenables au sujet de la Lorraine; mais la guerre qui survint en 1701. suspendit leurs conférences. Elles recommencerent à Metz en 1715. La mort de Louis XIV. interrompit encore le cours de cette négociation, on la reprit en 1716, & elle fut terminée par le Traité figné à Paris le 21. Janvier 1718.

Les Traités faits entre la France & la Lorraine le dernier Fevrier 1661. & le dernier Août 1663. les articles du Traité de Ryfwick conclu entre l'Empire & la France, & ceux du Traité de Bade qui concernent le Duc de Lorraine, conferveront toute leur force, à moins qu'il n'y foit expreffément dérogé par le préfent Traité. *T. de Paris, art.* 1.

Au lieu du fimple circuit de demi lieuë que la France devoit poffeder autour de la Fortereffe de Saarloüis, elle occupera les Villages de Liftroff, Emftroff, Frawlouter, Roden, Beaumarais, l'emplacement de la Ville de Valdrevange, avec toutes leurs appartenances & dépendances. *T. de Paris, art.* 2.

Dans la Prevôté de Longwy, le Roi de France ne confervera que la Ville de ce nom, & les Villages de Mefy, Herferange, Longlaville, Mont Saint Martin, Glaba, Autru,

Piemont, Romain, Lexi & Rehou déchargés de toute dette & hypothéque. *T. de Paris*, *art. 3*.

Les Villes de Saarbourg & de Phalſbourg avec leurs dépendances, déchargées de toute dette & hypothéque, feront unies à la Couronne de France. En échange on donne au Duc de Lorraine la Ville de Ramberviller, ſon diſtrict, & généralement tout ce qui en peut dépendre. *T. de Paris*, *art. 6*. Il feroit inutile d'entrer dans un plus grand détail. Il n'eſt queſtion dans le reſte de ce Traité que du commerce des Lorrains avec les François, de quelques Villages, Hameaux, ou parties de Forêts cédés de part & d'autre. Ces objets ſont trop peu importans pour mériter l'attention du Lecteur, ſurtout depuis que la Lorraine eſt unie à la Couronne de France par le Traité de Vienne de 1738.

ESPAGNE.

L'Eſpagne s'engage à ne céder,

vendre ni aliener aucune partie de ſes Etats d'Amérique ; & l'Angleterre promet de donner à cette Couronne tous les ſecours néceſſaires, pour lui faire reſtituer ce qu'on auroit pû conquerir ſur elle dans le nouveau monde depuis la mort de Charles II. *T. d'U. Eſp. Ang. art.* 8.

L'Empereur renonce pour lui & pour ſes deſcendans aux Etats dont Philippe V. a été reconnu légitime poſſeſſeur par les Traités d'Utrecht ; c'eſt-à-dire, à tous les Etats de la Succeſſion de Charles II. excepté les Pays-Bas Eſpagnols & l'Italie. Il s'engage à ne le point troubler, & conſent à ne conſerver aucun droit ſur la Monarchie Eſpagnole. *T. de la Quad. All. chap.* 1. *art.* 2. *& 3. Acte de renonciation de l'Empereur Charles VI. à la Couronne d'Eſpagne, donné à Vienne le* 16. *Septembre* 1718.

Les Duchés de Parme, Plaiſance & Toſcane ſeront tenus pour Fiefs maſculins de l'Empire. Lorſque la Succeſſion de ces Etats ſera ouverte, on les donnera au Fils aîné d'Eliſabeth

Farneze, Reine d'Eſpagne. Au défaut de ce Prince, ou au défaut de ſa
poſtérité maſculine & légitime, ces
Duchés paſſeront aux autres Fils de la
Reine d'Eſpagne, ou à leur ayant cauſe, ſuivant l'ordre de primogeniture.
L'Empereur s'engage à faire confirmer cette diſpoſition par l'Empire, &
il donnera des Lettres d'inveſtiture
éventuelle, conformément à cet ar-
rangement. *T. de la Quad. All. Chap.*
1. art. 5. Lettres d'inveſtiture éven-
tuelle des Etats de Parme, Plaiſance
& Toſcane, en faveur des Fils d'Eli-
ſabeth Farneze, Reine d'Eſpagne. Le
24. Janvier 1724. la France & l'Angleterre ſignerent à Cambrai un Acte,
par lequel elles garantiſſoient au Roi
d'Eſpagne le plein effet de l'inveſtiture éventuelle donnée aux Fils qu'il
avoit de ſon ſecond Mariage.

On a peu vu en Europe de Traités
auſſi extraordinaires que celui de la
Quadruple Alliance. Avant qu'il fut
queſtion, ſur la fin du dernier ſiécle, de
prendre des arrangemens au ſujet de
la Succeſſion de Charles II. les Prin-

ces ne s'étoient point encore avifés de régler les intérêts de leurs Voifins fans les appeller, fans les confulter, fans difcuter leurs droits, ni de fe porter pour juges, quand ils ne pouvoient être que de fimples médiateurs. Je fçais que cette politique eft commode, qu'elle eft utile dans de certaines circonftances, parce qu'elle tranche des difficultés qu'il feroit trop long de débroüiller ; mais elle fera toujours très-pernicieufe. Elle affoiblit l'empire de la raifon & de la bonne foi, qui n'eft déja que trop foible ; elle donne tout à la force & à la convenance, & en rendant les droits équivoques & douteux, elle multiplie les prétentions, & par conféquent les caufes de broüillerie entre les Puiffances. C'eft ainfi que l'Empire croit avoir acquis par la Quadruple-Alliance des droits inconteftables fur les Duchés de Parme & de Plaifance, tandis que le Saint Siége, en proteftant contre la violence qu'on lui faifoit, regarde encore ces Etats comme des Fiefs, dont il a feul le droit de difpofer.

Livourne reſtera port libre. Le Roi d'Eſpagne remettra à celui de ſes fils qui héritera des Etats de la Maiſon de Farnéze & de la Maiſon de Médicis, la place de Portolongone avec ce qu'il poſſéde dans l'Iſle d'Elbe. Les Duchés de Toſcane, Parme & Plaiſance ne pourront jamais être poſſédés par un Roi d'Eſpagne. Ce Prince ni l'Empereur n'y feront paſſer aucune des troupes qui leur appartiennent. La garde du pays ſera confiée à 6000. Suiſſes, qui, lors de l'ouverture de la Succeſſion, le remettront au fils aîné de la Reine d'Eſpagne. *T. de la Quad. All. Chap.* 1. *art.* 5.

Je parlerai à la fin de ce Chapitre des négociations faites à Cambrai & à Soiſſons, en conſéquence des articles qu'on vient de lire ; mais je crois devoir rendre compte ici du Taité de Famille que le Roi d'Eſpagne & Jean Gaſton, dernier Grand Duc de la Maiſon de Médicis, paſſérent à Florence le 25. Juillet 1731.

Le Grand Duc, Jean Gaſton, venant à mourir ſans laiſſer d'enfans mâ-

les., l'Infant Don Carlos fera fon
fucceffeur immédiat à la fouveraineté
de tous les États qui compofent à
préfent le Grand Duché de Tofcane,
& fucceffivement l'aîné des enfans mâles de ce Prince. A leur défaut, la Succeffion de Tofcane paffera de plein
droit à l'aîné de fes freres, fils de
Philippe IV. & d'Elifabeth Farneze, Reine d'Efpagne. *T. de Florence,*
art. I.

Tous les biens, droits & prétentions de la Maifon de Médicis, de
quelque nature qu'ils foient, appartiendront à l'Infant d'Efpagne, comme
Grand Duc de Tofcane. Il faut cependant en excepter les dettes contractées avec la Couronne d'Efpagne, qui
feront éteintes à fon profit, & tous les
biens meubles & les meubles de quelques genre, prix & valeur qu'ils foient.
Jean Gafton, Grand Duc, & fa fœur
Anne-Marie-Loüife, Electrice Doüairiere Palatine, en pourront librement
difpofer pendant leur vie & à leur
mort, de même que des revenus de
l'héritage des Grandes Ducheffes de
Tofcane,

Toscane, Victoire d'Urbin, & Marguerite de France, leurs ayeule & mere respectives. *T. de Florence, art.* 7. 8. *& 9.*

L'Infant d'Espagne parvenu à la souveraineté du Grand Duché, conservera Florence dans ses priviléges, & il y fera sa principale résidence. Il ne changera en rien le gouvernement économique, civil & juridique de Toscane. Les Bénéfices Ecclesiastiques & les Emplois civils ne seront conferés qu'aux naturels du pays. Les Commerçans Toscans seront traités en Espagne, comme ceux de la Nation la plus favorisée. Enfin, le Roi d'Espagne s'oblige de donner aux Ministres du Grand Duc qui résideront à sa Cour, les mêmes priviléges, titres, honneurs & distinctions qu'on accordoit à ceux du Duc de Savoye, avant qu'il fut reconnu Roi de Sardaigne. *T. de Florence, art.* 3. 4. 5. *& 6.*

ANGLETERRE.

La France, l'Espagne, les Pro-

vinces-Unies & l'Empereur fe ren-
dent garants de l'ordre de fucceffion
établi en Angleterre en faveur de la
Maifon de Hanover. *T. d'U. Fr. Ang.
art. 4. T. d'U. Efp. Ang. art. 5. & 6.
T. de Garantie, art. 2. T. de la triple
Alliance, art. 5. T. de la quadruple
Alliance, chap. 3. art. 5.*

Après la révolution de 1688. le
Roi Guillaume crut que pour juftifier
fon ufurpation, il falloit la perpétuer,
& ne laiffer aux Stuart aucune efpérance de remonter fur le Trône d'Angleterre. Il exagera les dangers que
la liberté de la Nation avoit courus
fous un Prince qui profeffoit la Religion Catholique Romaine, & il per-
fuada aux Anglois de prendre les mefures les plus efficaces pour prévenir
le prétendu malheur dont ils pouvoient être menacés. Le 14. Mars
1701. le Parlement d'Angleterre déclara par un acte authentique que la
Princeffe Anne, femme de Georges
de Dannemarc, fuccéderoit à Guillaume III. & que fi cette Princeffe ne
laiffoit point de poftérité, la Cou-

ronne passeroit à Sophie, fille de Frederic V. Electeur Comte Palatin du Rhin, & d'Elisabeth Stuart, & Electrice Doüairiere de Hanover. Les Historiens ont remarqué que suivant l'ordre de succession usité jusqu'alors en Angleterre, il y avoit quarante cinq personnes qui étoient plus près du Trône que la Princesse Sophie ; mais elle s'en trouva rapprochée par ce même Acte du Parlement qui en excluoit tout Prince qui auroit communion avec le Siege de Rome, qui seroit Catholique, ou qui se feroit allié par le mariage à une Catholique. Cette disposition parut si importante au Parlement d'Angleterre, qu'il la confirma par un nouvel Acte le 25. Octobre 1705. Dans les traités que les Anglois ont signés en 1713. & depuis, ils ont toujours exigé la garantie des Contractans en faveur des droits, que la Maison de Hanover tient de la Princesse Sophie, & des Actes de leur Parlement.

Il est surprenant que dans le moment que les Anglois changent leurs

Loix de succession , qu'ils excluent
les Stuart du Trône , & qu'ils sentent
l'avantage de soumettre le Prince à la
nation , ils se lient eux - mêmes les
mains , en voulant que toute l'Europe
s'engage à maintenir , & à défendre
les Actes que leur Parlement a passés
en faveur de la Maison de Hanover.
Cette conduite ne parut pas prudente
aux personnes qui sont instruites de
leurs principes & de leurs intérêts.
Il parut étrange que l'Angleterre af-
fermît le Trône de son Roi , & lui
donnât des secours & des soutiens
contre elle-même. Les Anglois devoient se borner à exiger de leurs
voisins qu'ils ne se mêleroient en aucune façon de leur Gouvernement ;
& puisqu'ils étoient parvenus , indé-
pendamment de tout secours étranger,
à placer la Maison de Hanover sur
le Trône , ils devoient se réserver
le droit de l'en chasser à leur gré.

Dans le cas que quelque Puissance
veüille troubler l'ordre de succession
établi par les Actes du Parlement ,
les Provinces-Unies envoyeront au

secours de l'Angleterre six mille hommes de pied, & 20 Vaisseaux de Guerre. Ce secours sera entretenu à leurs dépens, & s'il ne suffit pas, les Etats Généraux agiront de toutes leurs forces, en déclarant la Guerre. *T. de Garantie*, art. 14.

La France promet de ne point reconnoître les droits que le fils du Roi Jacques II. peut avoir sur l'Angleterre, & de ne le point souffrir sur ses Terres. *T. d'U. Fr. Ang.* art. 4. Avant la conclusion de la Paix, ce Prince s'étoit retiré en Lorraine, d'où il se rendit ensuite à Avignon. Par le second Article du Traité de la triple Alliance, la France s'engage à l'obliger de quitter cette retraite, pour se retirer au-delà des Alpes.

La France démolira Dunkerque à ses dépens, & promet de ne le jamais reparer. Elle en comblera le Port, & rompra les Digues & les Ecluses qui servoient à le netoyer. Elle cédera à l'Angleterre la Baye & le détroit de Hudson avec toutes les côtes, mers, rivieres & places qui y sont situées.

Elle lui donne encore les Ifles de S.
Chriftophe & de Terre-neuve, & la
nouvelle Ecoffe ou Accadie, avec
toutes leurs dépendances. *T. d'U. Fr.
Ang. art.* 9. 10. *&* 12.

L'Efpagne abandonne aux Anglois
la Ville, le Château, le Port & les
fortifications de Gibraltar, mais fans
jurifdiction territoriale, & fans aucune
communication ouverte par terre avec
les pays voifins. Les Anglois pourront y acheter les vivres neceffaires
pour leur garnifon, mais ils les payeront en argent comptant & non en
marchandifes. Il ne fera permis ni aux
Mores ni aux Juifs, de s'établir dans
la Ville de Gibraltar. Les Catholiques
y conferveront le libre exercice de
leur Religion. Si l'Angleterre vouloit
vendre, ou aliener en quelque maniere
que ce foit, la Ville de Gibraltar,
l'Efpagne aura toujours la préference
fur tous les autres Princes. *T. d'U.
Efp. Ang. art.* 10.

Le Roi d'Efpagne cede en toute
fouveraineté l'Ifle de Minorque à la
Couronne d'Angleterre. Il fera dé-

fendu aux Mores de s'y établir, &
leurs Vaiſſeaux de guerre ne pour-
ront-être reçûs dans ſes Ports, de
même que dans celui de Gibraltar. A
l'égard de la liberté que les Catholiques auront d'exercer leur Religion,
& dans le cas que les Anglois veuil-
lent vendre ou aliéner Minorque, on
ſtipule les mêmes conditions que pour
Gibraltar. *T. d'U. Eſp. Ang. art.* 11.
On auroit ſouhaité que les Plénipotentiaires de Madrid ſe fuſſent expri-
més dans cette derniere clauſe, d'une
maniere moins vague, & qu'ils euſſent
même fixé d'avance la ſomme dont
leur Cour racheteroit l'Iſle de Minorque & Gibraltar, dans le cas que
l'Angleterre voulut s'en deſſaiſir. Faute de cette convention, ont ſent que
les Anglois, s'ils ne ſe piquent pas de
bonne foi, peuvent fruſtrer l'Eſpagne
de ſon droit de préférence, ou l'obliger
de racheter ces Domaines à un prix
exceſſif. Qu'on ſuppoſe que Port-Mahon & Gibraltar vaillent dix millions,
mais qu'il eſt de l'intérêt de l'Angleterre de ne s'en défaire qu'en faveur

des Hollandois : ces deux Puissances n'ont qu'à convenir secretement entre elles de cette somme, tandis que les Hollandois s'engageront par un Traité simulé, de payer dix-huit ou vingt millions; dès-lors l'Espagne est forcée à renoncer à son droit ou à donner aux Anglois tout ce qu'ils exigeront. Il sera aisé à la Cour de Madrid de redresser cet article à la Paix.

PROVINCES-UNIES.

La France & la République des Provinces-Unies renoncent réciproquement à leurs prétentions respectives, tant pour le passé que pour le present. *T. d'U. Fr. Holl. art.* 24.

Le Traité de Munster conclu en 1648. entre l'Espagne & les Etats-Généraux, conservera toute sa force à l'exception des articles ausquels il sera dérogé par le nouveau Traité conclu à Utrecht entre ces deux Puissances. *T. d'U. Esp. Holl. art.* 10.

La France s'engage de remettre aux Etats Généraux les Pays - Bas Espagnols.

Espagnols tels que Charles II. Roi d'Espagne les possédoit, en vertu du Traité de Ryswick. Elle ni la Cour de Madrid, ni l'Electeur de Baviere à qui Philippe V. avoit cédé la souveraineté de ces Provinces par un acte du 2. Janvier 1711, ne pourront jamais les revendiquer. Les Etats Généraux remettront les Pays-Bas à la Maison d'Autriche qui les possédera en toute souveraineté. On n'entend point cependant parler de la Haute Gueldre qui a été cédée par l'Empereur Charles VI. au Roi de Prusse, ni des Places où, suivant le projet de la *Barriere*, les Provinces - Unies doivent tenir garnison. *T. d'U. Fr. Holl. art.* 7. *&* 9.

Pour assurer leur tranquillité, il est arrêté que sous quelque prétexte ou cause que ce puisse être, aucune Place des Pays-Bas Autrichiens, ci-devant Espagnols, ne pourra jamais être possédée par la Couronne de France, ni par un Prince du Sang de ce Royaume. *T. d'U. Fr. Holl. art.* 14. *T. de Garantie, art.* 10.

Tom. II.   E

La France promet aux Provinces-Unies de leur faire accorder par Philippe V. tous les avantages de commerce & de navigation que l'Espagne leur avoit donnés par le Traité de Munster. *T. d'U. Fr. Holl. premier article séparé.*

Je ne parlerai point ici des limites des Etats Généraux en Flandre. Les dispositions qui avoient été faites à ce sujet par le Traité de la Barriere, conclu à Anvers en 1715. ont été changées par la convention signée à la Haye le 22. Décembre 1718. entre les mêmes Puissances qui avoient contracté à Anvers. Si le Lecteur veut s'instruire sur cette matiere, il doit consulter l'acte même dont je viens de parler, & s'aider du secours de la Carte qui fut dressée exprès pour regler les limites des Etats Généraux.

En temps de guerre les Provinces-Unies pourront fortifier leur frontiere de Flandre, & y faire des inondations. Dès que les Places de la Barriere seront attaquées, la Maison d'Autriche confiera jusqu'à la paix aux

Etats Généraux la garde du Fort de la Perle & des Eclufes. L'Empereur leur cede dès à préfent les Polders de Doël, de Sainte Anne, & de Kete-niffe, pour leur affurer la confervation du Bas Efcaut, & la communication entre les parties de la Flandre & du Brabant dont ils font les maîtres. *Traité d'Anvers ou de la Barriere, art.* 17. *Convention de la Haye, art.* 1. Cette convention renouvelle & confirme tous les articles du Traité de la Barriere aufquels elle ne fait aucun changement, *art.* 8.

Dans le haut quartier de Gueldre l'Empereur cede aux Provinces-Unies la Ville de Venlo avec fa Banlieuë, le Fort Saint Michel avec fa Banlieuë, le Fort de Stevenfwart avec fa Banlieuë, & autant de territoire en deçà de la Meufe qu'il en faudra pour augmenter fes fortifications. L'Empereur fe foumet à ne pouvoir élever aucune Forterefle qu'à une demi lieuë de diftance de celle de Stevenfwart. Il donne encore aux Etats Généraux l'Ammanie de Montfort, à la réferve

des Villages de Swalmt & d'Elmt.
Dans tous ces Pays cédés les Etats
Généraux joüiront des mêmes droits
& des mêmes prérogatives que Charles II. y poſſédoit. La Religion Catholique y ſera conſervée dans tous
ſes priviléges. Les Bénéfices Ecclé-
ſiaſtiques dont la collation appartenoit
au Souverain , ſeront conférés par
l'Evêque de Roermonde à des perſonnes qui ne ſeront pas déſagréables
aux Etats Généraux. Les impôts ou
droits qui ſe levent le long de la
Meuſe , ne pourront être hauſſés ou
baiſſés que d'un commun conſentement. *T. de la Barriere , art.* 18.

Les Pays-Bas Eſpagnols tels qu'ils
étoient poſſédés par Charles II. en
vertu de la paix de Ryſwick , à l'exception des démembremens faits en
faveur du Roi de Pruſſe & des Provinces-Unies , compoſeront un ſeul
& indiviſible Domaine de la Maiſon
d'Autriche. Elle ne pourra jamais
l'aliéner , céder , échanger , vendre
en tout ou en partie , ſous quelque
prétexte ou cauſe que ce ſoit. L'Em-

pereur & les Etats Généraux y entretiendront un corps de 35. mille hommes, qu'on augmentera selon l'exigence des cas, soit qu'on soit menacé de la guerre, soit qu'elle soit déclarée. L'Empereur payera trois Cinquiémes, & les Provinces-Unies deux Cinquiémes des sommes nécessaires pour l'entretien des troupes destinées à la sûreté des Pays-Bas. La répartition des troupes qui regardent les Places de la Barriere, appartiendra aux Etats Généraux, & celle des autres troupes au Gouverneur Général des Pays-Bas Autrichiens. *T. de la Barriere, art. 1. 2. & 3.*

Les Hollandois auront garnison privative dans les Villes & Châteaux de Namur, Tournay, Menin, Furnes, Warneton, Ypres, la Knoque. Ces garnisons ne pourront être composées de troupes suspectes à l'Empereur. Les Gouverneurs de ces Places nommés par les Etats Généraux, prêteront serment à l'Empereur de les garder fidellement à la Maison d'Autriche, & de ne s'ingérer dans aucune affaire civile. Les Provinces-Unies peuvent réparer, fortifier, &c. à leurs dépens les Villes de la Barriere; mais elles ne pourront conftruire de nouveaux Forts que du confentement de l'Empereur. *T. de la Barriere, art.* 4. 5. 6. 7. & 13. Par le mot d'Empereur on doit fentir qu'on n'entend dans tout cet article que le Chef de la Maifon d'Autriche.

Dendremonde aura garnifon commune. Le Gouverneur de cette Place nommé par l'Empereur, prêtera ferment aux Etats Généraux. *T. de la Barriere, art.* 5. Par le Traité de Garantie figné à Utrecht le 30. Janvier 1713. & qui annulle & détruit un premier Traité de *Barriere* conclu le 29. Octobre 1709. les Provinces-Unies devoient avoir une Barriere bien plus confidérable. Outre les Villes qu'ils ont actuellement, on leur donnoit encore Mons, Charleroi, le Château dè Gand, les Forts de la Perle, Philippe, Damme, & Saint Donas.

Les Troupes Hollandoifes qui feront en garnifon dans les Places de la Barriere, auront l'exercice de leur Religion dans des maifons qui leur feront affignées, & ces maifons n'auront aucune marque exterieure de Temple. *T. de la Barriere, art. 9.*

Les munitions de guerre, les matériaux néceffaires à l'entretien des fortifications, les draps pour l'habillement des foldats, ne payeront aucun droit en paffant fur les terres de la Maifon d'Autriche pour fe rendre dans les Villes de la Barriere. Les munitions de bouche qu'on y fera entrer en temps de difette, ou lorfque craignant la guerre, il faudra former des magafins, feront auffi exemptes de toute doüane. *T. de la Barriere, art.* 10.

Les Etats-Généraux pourront changer leurs garnifons à leur gré, & leurs troupes auront un libre paffage dans toute l'étendue des Pays-Bas Autrichiens, pourvu qu'elles ne foient point loüées de quelque Prince fufpect à la Maifon d'Autriche. *T. de la Barriere, art.* 11.

E 4

Pour indemnifer les Provinces-Unies des dépenfes qu'exige l'entretien des Villes de la Barriere, l'Empereur leur promet une penfion annuelle de 500 mille écus, ou de douze cens cinquante mille florins, monnoye de Hollande. On défalquera de cette fomme au prorata de ce que les Etats-Généraux retirent des Pays qui leur ont été cedés par le Traité de la Barriere ou par la convention de la Haye. Cette fomme une fois reglée, on ne pourra la changer, ni demander aux Sujets des impôts plus forts que ceux qu'ils payent actuellement. *T. de la Barriere, art.* 19. *Convention de la Haye, art.* 1. On peut voir dans le fecond article de cette Convention, fur quels fonds eft hypothequée la penfion que la Maifon d'Autriche paye aux Etats-Généraux.

Tous les Traités d'alliance & d'amitié que l'Angleterre & les Provinces-Unies ont paffé enfemble, font rappellés, confirmés & maintenus dans leur force. *Traité de Garantie, art.* 1.

Dans les cas qu'on attaque les Places de la Barriere, l'Angleterre fournira à ses dépens 10 mille hommes d'infanterie & 20 Vaisseaux de guerre pour repousser l'injure faite aux Hollandois. Si ce secours ne suffit pas, les Anglois agiront de toutes leurs forces en déclarant la guerre à l'agresseur. *T. de Garantie, art.* 14.

PORTUGAL.

Le Traité du 13 Fevrier 1668. entre l'Espagne & le Portugal, est rappellé & maintenu dans sa force. *Traité d'U. Esp. Port. art.* 13. C'est par ce Traité que l'Espagne renonce à ses prétentions sur le Royaume de Portugal, & le cede à la Maison de Bragance. Voyez le troisiéme Chapitre de cet Ouvrage.

Le Traité du 7 Mars 1681. entre l'Espagne & le Portugal, sera regardé comme nul & non avenu. *T. d'U. Esp. Port. art.* 6. C'est un Traité par lequel on étoit convenu provisionnellement de quelques articles au sujet des prétentions des Efpagnols fur la Colonie du Sacrement dont je vais parler.

Le Traité de Tranfaction conclu entre l'Efpagne & le Portugal le 18 Juin 1701. demeurera dans toute fa force & vigueur. *T. d'U. Efp. Port. art.* 14. ce Traité fut figné à Lifbonne. Les deux Puiffances renouvelloient tous leurs Traités anterieurs. Le Roi d'Efpagne s'engageoit à donner fatisfaction à la Compagnie Portugaife touchant le commerce des Negres, & renonçoit à tous fes prétendus droits fur S. Gabriel proche Buenos-Ayres. De fon côté le Roi de Portugal garantiffoit le Teftament de Charles II. Je ne parle point ici des 14 articles relatifs à la fatisfaction que le Roi d'Efpagne devoit donner aux Portugais qui faifoient le commerce des Negres en Amerique ; ils ont eté annulés par la ftipulation d'Utrecht, qui dit que, moyennant fix cens mille écus donnés par l'Efpagne à la Compagnie Portugaife de l'Affiento, le Roi de Portugal tiendra quitte le Roi Catholique de toute au-

tre dette. *T. d'U. Esp. Port. art.* 15
& 16.

L'Espagne cede au Portugal le
Territoire & la Colonie du Sacrement, situés sur le bord septentrional
de la Riviere de la Plata ; à condition
que S. M. P. n'en permettra le commerce à aucune Nation étrangere. On
se reserve cependant la faculté de lui
offrir dans l'espace d'un an & demi,
un équivalent qu'il sera le maître d'accepter ou de refuser. *T. d'U. Esp.*
Port. art. 6. & 7.

La France cede au Roi de Portugal
tous les droits qu'elle pourroit avoir
sur les Terres appellées du Cap du
Nord, situées entre la Riviere des
Amazones & celle de Japoc ou de
Vincent Pinson. S. M. P. pourra y
bâtir toutes les Forteresses qu'elle
jugera necessaires pour la sûreté du
Pays. Le Traité du 4 Mars 1700.
conclu entre Loüis XIV. & Pierre II.
sera regardé comme non avenu. *Trai-*
té d'U. Fr. Port. art. 8.

Le Roi de France reconnoît que
les deux bords de la Riviere des Ama-

zones appartiennent en toute propriété à S. M. P. Il promet de ne former aucune prétention fur cette Riviere, ni fur les autres domaines que le Portugal posséde en Amerique ou ailleurs. *T. d'U. Fr. Port. art.* 10. & 11.

Le Roi de France s'engage à ne point souffrir que des Missionnaires François aillent dans les Etats que le Roi de Portugal posséde hors de l'Europe. *T. d'U. Fr. Port. art.* 13.

MAISON DE SAVOYE.

Les Articles des Traités de Munster, des Pyrenées, de Nimegue, de Ryfwick, qui regardent la Maison de Savoye, & le Traité de Turin conclu en 1696. entre Loüis XIV. & le Duc Victor-Amedée, subsisteront dans toute leur force. *T. d'U. Fr. Sav. art.* 16. *T. d'U. Esp. Sav. art.* 12.

La France cede au Duc de Savoye la Vallée de Prajelas avec les Châteaux d'Exille & de Feneftrelle ; les Vallées d'Oulx, Sefane, Bardoneche & Château-Dauphin. Les Sommités des Alpes ferviront de limites entre la France d'une part, & le Piémont & le Comté de Nice de l'autre. Les Plaines qui fe trouvent au fommet de ces Montagnes, feront partagées en égale portion entre les deux Puiffances. *T. d'U. Fr. Sav. art. 4.*

La France reconnoît le Duc de Savoye & fes hoirs, pour les légitimes héritiers de la Monarchie Efpagnole, au défaut de la pofterité de Philippe V. & leur garantit cette fucceffion. Le Roi Catholique reconnoît le même droit dans la Maifon de Savoye, & déclare nuls tous les actes qui peuvent avoir été faits au contraire. *T. d'U. Fr. Sav. art. 6. T. d'U. Efp. Sav. art. 3. Acte des Cortes ou Etats-Généraux d'Efpagne du 9 Novembre 1712.*

Les Contractans de la Quadruple-Alliance confirment le droit du Duc de Savoye à la Couronne d'Efpagne au défaut de la poftérité de Philippe V. & s'en rendent garants; mais ils ftipulent que le cas de la fucceffion arrivant, le Duc de Savoye ne pourra conferver fes anciens Etats. Il fera obligé de les remettre au Prince aîné de la branche collatérale aînée de fa Maifon , qui les poffedera fans aucune dépendance de la Couronne d'Efpagne. *Traité de la Quad. All. Chap. 2. art. 4.*

Le Roi d'Efpagne cede & tranfporte au Duc de Savoye & à fes héritiers , le Royaume de Sicile & fes dépendances. *T. d'U. Efp. Sav. art. 4. Acte de Ceffion du Royaume de Sicile.* De fon côté le Duc de Savoye s'engage à ne jamais vendre , ceder , échanger, aliener en tout ou en partie, ce Royaume ni fes dépendances , qui au défaut d'Hoirs mâles dans fa poftérité , feront réunis de plein droit à la Couronne d'Efpagne. *T. d'U. Efp. Sav. art.* 6. Quoique la France & l'Angleterre euffent garanti cette difpofition , on y dérogea par le Traité de la Quadruple-Alliance. Il fut reglé que le Duc de Savoye remettroit la Sicile & fes dépendances à l'Empereur , qui lui donnera en échange le Royaume de Sardaigne pour en joüir

aux mêmes conditions qu'il possédoit
la Sicile. La clause de réversion du
Royaume de Sardaigne à la Couronne d'Espagne, dans le cas que la
postérité masculine du Duc Victor-
Amedée vint à manquer, est expressé-
ment énoncée ; parce que le Roi
d'Espagne, en vertu du sixiéme article de la Quadruple - Alliance chapitre premier, renonce au droit de
réversion qu'il s'étoit conservé en alié-
nant le Royaume de Sicile. *T. de la
Quadruple Alliance, chap.* 2. *art.* 1.
& 2.

Le Duc de Savoye sera établi dans
tous les pays qui lui ont été cédés par
l'Empereur Léopold, le 25. Octobre
1703. *T. d'U. Fr. Sav. art.* 7. *T. d'U.
Esp. Sav. art.* 11. Pour bien entendre
cet article, il faut voir l'analyse du
Traité de Turin du 25. Octobre 1703,
par lequel la Cour de Vienne détacha
le Duc Victor Amedée de l'Alliance
des François & des Espagnols.

L'empereur Léopold céde & trans-
porte à ce Prince & à ses Successeurs,
hoirs mâles de sa Maison, toute la

partie du Montferrat qui a été donnée aux Ducs de Mantouë , & il se
charge de dédommager tous ceux qui
pourroient y avoir quelque prétention. Il céde encore les Provinces
d'Alexandrie & de Valence, avec les
terres qui sont entre le Pô & le Tana-
ro , la Lamelline, la Valsesie ou vallée
de Sesia, le Vigevanasco ou un équivalent, & le droit de souveraineté sur les
Langhes. La Maison de Savoye possedera tous ces Domaines, avec les
mêmes priviléges & les mêmes prérogatives que les ont possedé les Ducs
de Mantouë, ou les Rois d'Espagne.
T. de Turin, *art.* 5. 6. & 16.

Le Duc de Savoye renonce, pour
lui & pour ses Successeurs, à tous les
droits qu'il pourroit avoir sur le Mila-
nés, par l'Infante Catherine, fille de
Philippe II. & s'engage à ne rien demander à l'Espagne. *T. de Tur. art.*
14.

Les fortifications de Mortare seront démolies aux dépens du Duc de
Savoye, immédiatement après la paix,
& ne seront jamais rétablies. Casal ne
pourra

pourra être entouré que d'une fimple muraille ; & le Duc de Savoye confent à n'élever aucune nouvelle fortereffe dans les Domaines, qui lui font cédés. *T. de Tur. art.* 8.

Le fel qu'on tranfportera dés côtes de Genes dans le Milanez, ne payera aucun droit en paffant fur les terres du Duc de Savoye. *T. de Tur. art.* 9.

La Quadruple - Alliance apporta quelque changement aux difpofitions du Traité de Turin , confirmées à Utrecht. Il fut arrêté que la Maifon de Savoye ne joüiroit que des terres dont elle étoit alors en poffeffion ; c'eft-à-dire, du Montferrat, de la Province de Valence & de l'Alexandrin. L'Empereur Charles VI. confirme ces ceffions ; & le Duc Victor Amédée renonce aux droits que lui donnent les Traités de Turin & d'Utrecht. *T. de la Quad. All. Chap.* 2. *art.* 3.

MAISON DE BRANDEBOURG.
MAISON DE NASSAU.

L'Empereur Charles VI. céde la

haute Gueldre au Roi de Pruffe, pour la poſſéder lui & ſes hoirs, tant mâles que femelles, avec tous les droits de ſouveraineté qui appartenoient à Charles II. La France, en vertu du pouvoir qu'elle a reçu du Roi Catholique Philippe V. confirme cette ceſſion, & l'Angleterre & les Provinces-Unies s'en rendent garants. *T. d'U. Emp. Pru. art. 2. T. d'U. Fr. Pru. art. 7. & 8. T. d'U. Fr. Holl. art. 7. T. de la Barriere, art. 2.* Par la haute Gueldre, on entend la Ville, la Prefecture, le Bailliage & le Bas Bailliage de Gueldre; les Villes, Bailliages & Seigneuries de Sthralen, Wachtendonck, Midelaar, Walbeck, Aertſen, Afferden, Veel, Racy, Kleinkevelaar, avec toutes leurs appartenances & dépendances, de même que l'Ammanie de Krichkenbeck, le pays de Keſſel, avec leurs appartenances, à la réſerve d'Erckelens & du territoire qui en dépend.

Les Fiefs enclavés dans l'étendue du pays cédé au Roi de Pruſſe, releveront de ce Prince; mais il renonce à

tout droit de fupériorité fur ceux qui
font fitués hors de fon territoire. *T.
d'U. Emp. Pru. art. 3.*

Sous quelque prétexte que ce foit,
la Religion Catholique ne recevra aucun changement dans le pays cédé au
Roi de Pruffe. L'Evêque de Rure-
monde, nommé par l'Empereur comme Souverain des Pays-Bas, confervera fa Jurifdiction fpirituelle & tous
fes anciens droits quant au temporel.
Il conferera feul les Bénéfices Eccléfiaftiques, & il aura infpection fur les
Eglifes, Hôpitaux, Couvens, Ecoles,
Seminaires, &c. *T. d'U. Emp. Pru.
art. 4. 5. & 6.*

Toutes les Magiftratures feront rem-
plies par des Catholiques du pays, qui
auront déclaré par ferment qu'ils pro-
feffent la Religion Catholique, Apof-
tolique & Romaine. *T. d'U. Emp.
Pru. art. 8.*

L'Empereur & le Roi de Pruffe
s'engagent à ne bâtir aucune nouvelle
Forterefse fur la Meufe, dans toute
l'étendue de la Gueldre. *T. d'U. Emp.
Pru. art.* 11. En 1716. le Roi de

Pruſſe & les Etats Généraux des Provinces-Unies ſignerent une Convention au ſujet de leurs limites reſpectives dans le Peel, ſitué entre l'Ammanie de Keſſel & la Mairie de Bois-le-Duc. Ces détails ſont trop peu importans pour mériter l'attention du Lecteur.

Les Traités de Weſtphalie ſeront maintenus dans toute leur force, tant à l'égard de ce qui regarde la Religion, que le gouvernement civil & politique de l'Empire. *T. d'U. Fr. Pru. art. 6. T. d'U. Fr. Holl. art. 33.*

La France, pour elle, & au nom du Roi Catholique, reconnoît l'Electeur de Brandebourg pour Roi de Pruſſe. Elle lui donnera le titre de Majeſté, & elle accordera à ſes Ambaſſadeurs tous les honneurs, tous les priviléges dont joüiſſent les Ambaſſadeurs des Têtes couronnées, *T. d'U. Fr. Pru. art. ſéparé,* 1.

On a vu dans le ſecond Chapitre de cet Ouvrage, que la République de Pologne avoit renoncé par le Traité de Welau, à tout droit de ſupério-

rité sur la Pruſſe Ducale. L'Empereur
Léopold érigea cette Province en
Royaume pour Frederic, Electeur de
Brandebourg, qui ſe fit proclamer Roi
de Pruſſe à Koniſberg le 15. Janvier
1701, & qui, trois jours après, y fut
ſacré & couronné. Les Alliés de la
Maiſon d'Autriche reconnurent ſur le
champ la nouvelle dignité de ce Prince ; il n'en fût pas de même des autres
Puiſſances, ſoit que leur intérêt s'y
oppoſât, ſoit qu'elles vouluſſent con-
teſter à l'Empereur le droit de faire
des Rois.

Le Roi Très-Chrétien reconnoît
le Roi de Pruſſe pour Souverain de la
Principauté de Neufchatel & de Val-
langin, & il confirme aux ſujets de ces
deux Comtes, les Priviléges dont ils
joüiſſent en France. Voyez le troiſiéme Chapitre de cet Ouvrage. Le Roi
de Pruſſe retiendra le titre & les armes
de la Principauté d'Orange, & il pourra en donner le nom à la haute Gueldre. *T. d'U. Fr. Pru. art.* 9. & 10.

Ayant déja eu occaſion de parler
du Traité de Berlin, au ſujet des Ter-

res de la Maison d'Orange, que le Roi de Prusse a cédées à la France ; je vais achever d'en rendre compte dans cet article.

Le Roi de Prusse promet d'employer ses bons offices auprès du Roi Très-Chrétien, pour qu'il permette au Prince de Nassau de retenir le titre & les armes de la Principauté d'Orange, & d'en donner le nom à un de ses Domaines. *T. de Berlin du 13. May 1732. art.* 4.

Le Roi de Prusse aura pour sa part dans la Succession d'Orange, la Principauté de Meurs, le Comté de Lingen, l'Ammanie de Montfort, la Seigneurie de la haute & basse Swalawe, les Seigneuries de Naaltwyk, Hoenderland, Wateringen, Orange-Polder & Gravesande ; le Péage de Gennep, la Baronnie de Herstal, la Seigneurie de Turnhout, la Maison nommée à la Haye la vieille Cour, & celle de Honslaardyk. Il possédera tous ces biens de la même maniere que les ont possédé les Princes d'Orange. Le Prince de Nassau renonce

à tous les droits qu'il pourroit y avoir,
& il joüira en toute propriété de tous
les autres biens qui font partie de la
fucceffion d'Orange, & aufquels le
Roi de Pruffe renonce autentique-
ment. *T. de Ber. art.* 5. 6. & 7.

Les deux Contractans porteront en
commun les titres & les armoiries de
la Succeffion d'Orange, à l'exception
de ceux de Meurs & de Lingen, qui
appartiendront privativement au Roi
de Pruffe, & de ceux de Terveer &
de Uliffingen, qui appartiendront de
même au Prince de Naffau. *T. de Ber.
art.* 8.

Le Prince de Naffau fe charge de
toutes les dettes paffives qui font affectées en général fur la fucceffion, &
il profitera auffi de toutes les dettes
actives. On n'y comprendra cependant pas les deux rentes de 80. & 20.
mille florins affectées fur les droits
d'entrée & de fortie de la Meufe. Le
Roi de Pruffe aura la premiere, & le
Prince de Naffau la feconde. A l'é-
gard des dettes actives & paffives hypothequées en particulier fur telle ou

telle terre, elles refteront à la charge ou au profit du poffeffeur de la terre. *T. de Ber. art.* 11. 12. & 15.

L'EMPEREUR. L'EMPIRE.

Conformement au 20ᵉ. article du Traité de Ryfwick, la France rendra à l'Empereur le Vieux-Brifac & fes appartenances fituées au-delà du Rhin, la Ville & le Château de Fribourg, les Forts Saint Pierre, l'Etoile & autres conftruits dans le Brifgau & dans la Forêt Noire, Lehen, Merzhaufen & Kirchzarth, & tous les droits qui y font attachés. *T. de Radftat & de Bade*, *art.* 4. & 6.

Le Roi de France donnera à l'Empereur & à l'Empire le Fort de Kell, & rafera le Fort de la Pile & les autres Fortifications élevées dans les Ifles du Rhin à l'exception du Fort-Loüis. La navigation de ce Fleuve fera libre, on ne pourra en détourner les eaux, y établir de nouveaux péages, ni augmenter les impôts ordinaires. Le Roi Très-Chrétien s'engage encore à démolir

molir les Fortifications conftruites vis-à-vis Huningue fur la rive droite du Rhin, le pont conftruit en cet endroit, le Fort de Sellingue, & les Fortifications du Fort Loüis, qui s'étendent au-delà du Rhin. Il évacuera les Châteaux de Bitch & de Hombourg, après en avoir fait fauter les ouvrages. Ces Fortifications ne pourront jamais être rétablies par l'un ni par l'autre des Contractans. *T. de R. T. de B. art.* 5. 8. & 9.

La France confent que l'Empereur entre en poffeffion des Pays-Bas Efpagnols, pour en joüir lui & fes héritiers en toute fouveraineté, & felon l'ordre de fucceffion établi dans la Maifon d'Autriche. Les Articles ftipulés avec le Roi de Pruffe au fujet de la Haute-Gueldre, feront executés felon leur forme & teneur. Le Roi Très-Chrétien foufcrit aux conventions d'une Barriere à établir en faveur des Provinces-Unies. *T. de R. T. de B. art.* 19.

En confervant S. Amant & Mortagne, fans pouvoir cependant fortifier

Tome II. G

cette derniere Place, y faire des éclu-
fes ni de levées, le Roi de France
cede à l'Empereur Menin, Tournay &
leurs dépendances, Furnes & le Fur-
nerambacht en y comprenant les huit
Paroiffes & le Fort de la Knoque ;
Loo, Dixmude & leurs dépendances;
Ypres & fa Châtellenie, Rouffelaar,
Poperingue, Warneton, Comines, &
Warwik. *T. de R. T. de B. art.* 20.
& 21. *T. d'U. Fr. Holl. art.* 11.
& 12.

A l'égard des rentes hypothequées
fur la Généralité de quelques Provinces des Pays-Bas qui font poffedées
en partie par le Roi de France, &
en partie par l'Empereur ; chacun
des poffeffeurs payera fa quote part à
raifon de ce qu'il poffede, & fuivant
qu'il en fera convenu par des Com-
miffaires. *T. de R. T. de B. art.* 26.

La navigation de la Lys, depuis
l'embouchure de la Deule en remontant, fera libre, & on ne pourra
y établir aucun nouvel impôt. *T. de R.*
T. de B. art. 22. *T. d'U. Fr. Holl.*
art. 13.

La France s'engage à ne point troubler l'Empereur dans la possession des Etats qu'il occupe en Italie. *T. de R. T. de B. art.* 30. & l'Espagne renonce à tous ses droits sur les Provinces que Charles II. possédoit en Italie & dans les Pays-Bas, & au droit de réversion qu'elle s'étoit conservé sur la Sicile en la cédant à la Maison de Savoye. *T. de la Quad. All. ch.* 1. *art.* 4. *& 6.*

Le Roi d'Espagne restituera la Sardaigne à l'Empereur qui remettra cette Isle à la Maison de Savoye. *T. de la Quad. Alliance, chap.* 1. *art.* 2.

La France rendra à tous les Princes de l'Empire les Places qu'elle a prises sur eux pendant la guerre, ou dont ils doivent être mis en possession par le Traité de Ryswick. *T. de R. T. de B. art.* 12.

L'Empereur & l'Empire rétabliront les Princes de la Maison de Baviere, l'Electeur de Baviere & l'Electeur de Cologne, dans tous les Etats, Droits, Priviléges, &c. qu'ils possédoient avant la guerre. Ils seront

C 2

obligés de prendre une nouvelle inveftiture , & ils renoncent à tout dédommagement de la part de l'Empereur & de l'Empire , pour les pertes
qu'ils ont faites. *T. de R. T. de B.*
art. 15.

La ville de Bonn ne fera gardée
que par fes Bourgeois, & en temps de
guerre l'Empereur & l'Empire y met-
tront garnifon. *T. de R. T. de B. art.*
15.

Au défaut de la poftérité de la Reine Anne, la Princeffe Sophie , Electrice & Ducheffe Doüairiere de Hanover, & fes enfans hériteront de la
Couronne d'Angleterre, conformément aux Actes du Parlement de ce
Royaume. *T. d'U. Fr. Ang. art.* 4.
T. d'U. Efp. Ang. art. 5. *& 6. T. de*
Garantie , art. 2. *T. de la Triple-Al-*
liance , art. 5. *T. de la Quad. All.*
Chap. 3. *art.* 5.

La France reconnoît le Duc de
Hanover pour Electeur de l'Empire.
T. de R. T. de B. art. 13. *& 14.*

Le 22. Mars 1692. l'Empereur
Léopold paffa un Acte d'union per-

pétuelle avec le Duc Erneſt-Auguſte
de Hanover, qui, en faveur de la dignité Electorale à laquelle on l'éle-
voit, promettoit de donner ſa voix
dans toutes les Diètes d'élection au
Prince aîné de la Maiſon d'Autriche,
& de faire tous ſes efforts pour per-
ſuader à l'Empire de reſtituer à la Couronne de Boheme l'exercice de ſes
droits électoraux. Le Lecteur le moins
inſtruit des Conſtitutions Germani-
ques, ſent combien ce Traité y eſt
contraire. De quelle façon peut-on
s'y prendre pour accorder un pareil
engagement, avec le ſerment que prête chaque Electeur, de n'élire pour
Roi des Romains, *qu'un Prince qui
ſoit digne de cette qualité*, & de donner ſon ſuffrage *ſans aucun pacte ni
eſperance d'intérêt, de récompenſe ou
de promeſſe, ou d'aucune choſe ſembla-
ble, de quelque maniere qu'elle puiſſe
être appellée ?* La Maiſon d'Autriche
pouvoit-elle dévoiler plus clairement
le projet de rendre l'Empire héréditaire entre ſes mains ? Le Duc Erneſt-
Auguſte de Hanover reçut le Bonnet

Electoral le 19. Decembre 1692. mais fa nouvelle dignité lui fut long-temps contestée par les Electeurs & par les Princes de l'Empire, & il ne fut enfin admis dans le College Electoral que le 12. Avril 1710. Ce fut le 7. Septembre 1708, que l'Empire rendit à la Couronne de Boheme l'exercice de tous les droits Electoraux. Depuis deux siécles & demi elle n'envoyoit des Députés qu'aux Diétes d'Election.

La France consent que la Forteresse de Rhinfels & la Ville de Saint Goar, avec leurs dépendances, demeurent entre les mains du Landgrave de Hesse-Cassel ; à condition que la Religion Catholique n'y souffrira aucun changement, & qu'on donnera un dédommagement au Landgrave de Hesse - Rhinfels. *T. d'U. Fr. Holl.* *art.* 34.

PRINCES D'ITALIE.

L'Empereur satisfera les Princes d'Italie, à sçavoir les Ducs de Guastalle & de la Mirandolle, & le Prince de Caftiglione, qui ont des préten-tions légitimes fur quelques pays qui n'ont pas été poffédés par Charles II. Roi d'Efpagne. En conféquence de cet engagement de la Cour de Vien-ne, on ne pourra pas cependant re-prendre les armes. *T. de R. art.* 31.

GARANTIES.

L'Angleterre fe rend garant des Traités que la France & l'Efpagne ont conclus à Utrecht avec le Portu-gal & la Maifon de Savoye. *T. d'U. Fr. Ang. art.* 24. *& 25. T. d'U. Efp. Ang. art.* 21. *T. d'U. Efp. Port. art.* 22.

Les Contractans de la Quadruple-Alliance fe garantiffent mutuellement les poffeffions qu'ils ont acquifes, en vertu des Traités d'Utrecht, de Rad-ftat & de Bade. *T. de la Quad. All. Chap.* 3. *art.* 3. 4. *& 6.

Par le Traité de Weftminfter du 25. May 1716, l'Empereur & le Roi d'Angleterre fe garantiffent mutuelle-

G 4

ment la poffeffion de tous les Etats
qu'ils tiennent en conféquence des
Traités d'Utrecht & de Bade. Ils s'engagent, en cas d'attaque de la part de
quelque Puiffance étrangere, à un fecours réciproque de huit mille hommes d'infanterie, & de quatre mille
chevaux, avec promeffe d'augmenter
ce fecours, s'il en eft befoin. Au lieu
de troupes de terre, l'Angleterre promet d'armer fur mer en faveur de
l'Empereur, fi la chofe eft plus avantageufe à fes intérêts.

Par le Traité d'Amfterdam du 4.
Août 1717, conclu entre le Roi de
France, le Czar & le Roi de Pruffe,
ces Princes conviennent d'une Alliance perpétuelle, & s'engagent à con-
tribuer par leurs bons offices au main-
tien de la tranquillité publique, rétablie par les Traités d'Utrecht & de
Bade. Dans des articles fecrets, ils
fe garantiffent l'exécution entiere de
ces Traités, & de ceux qui font à faire,
& qui rétabliront la paix dans le Nord.
En cas d'attaque les Contractans fe
donneront des fecours, dont on con-

viendra d'une maniere particuliere, quand il en fera befoin.

PROTESTATIONS.

Par un Acte paffé à Utrecht, le 14. Avril 1713, la Maifon de Luines protefta contre tout ce que les Plenipotentiaires avoient réglé à fon préjudice, au fujet de la Principauté d'Orange, & des Comtés de Neufchâtel & de Valengin.

Proteftation de la Maifon de Matignon, pour conferver fes droits fur les mêmes Principautés. *Utrecht*, 15. *Avril & 2. Juin* 1713.

Proteftation de Paule-Françoife-Marguerite de Gondi de Retz, Duchefle Doüairiere de Lefdiguieres, & de la Maifon de Villeroy, comme fuccédant à fes droits, au fujet de leurs prétentions fur la Principauté d'Orange, & les Comtes de Neufchâtel & de Valengin. *Utrecht*, 16. *Avril* 1713.

Utrecht 15. Avril 1713. Proteftation de la Maifon d'Alegre, pour con-

ferver fes droits fur les mêmes Principautés. La Maifon du Prat, comme
tirant fon droit de fucceder d'une d'A-
legre, protefta contre les Traités de
Paix le 15. Avril 1713.

Proteftation de la Maifon de la
Tremoille, touchant le Royaume de
Naples. *Utrecht*, 13. *Avril* 1713.

Proteftation de la Maifon de Bour-
bon-Condé, pour la confervation de
fes droits fur le Duché de Montferrat.
Elle les tient d'Anne Palatine de Baviere, femme de Henry Jules de Bourbon, Prince de Condé, premier Prince du Sang de France, & Bifayeul
de S. A. S. M. le Prince de Condé
aujourd'hui vivant. *Utrecht*, 14. *Avril*
1713.

Proteftation de la Maifon de Mont-
morency-Luxembourg, au fujet de fes
droits fur le Duché de Luxembourg.
Utrecht, 14. *Avril* 1713,

Proteftation de la Maifon de Naf-
fau-Siegen, & des Branches de Naf-
fau-Catzenellenbogen, & Naffau-Dil-
lenbourg, pour la confervation de tous
leurs droits fur les Biens de la Maifon

de Chaslon, qui font partie de la Succeffion du Roi Guillaume. *Utrecht.,
15. & 18. Avril 1713.*

Proteftations de la Maifon de Seif-
fel, tendant à la même fin. *Utrecht,
30. & 31. May 1713.*

Proteftation de la Maifon de Lorraine pour conferver fes droits fur le
Duché de Montferrat. Utrecht 30
Avril 1713. Par un Décret du 30
Novembre 1707. l'Empereur Jofeph
avoit reconnu le droit de la Maifon
de Lorraine fur le Montferrat, & déclarant qu'il ne peut retraéter les engagemens que Léopold fon pere a pris,
avec le Duc de Savoye, il promettoit
de faire donner un dédomagement à
la Maifon de Lorraine, quand on traitera de la Paix. Par deux Décrets, l'un
du 6 Septembre 1708. l'autre du 14
May 1711. la Reine Anne fit la
même promeffe au Duc de Lorraine.
L'Archiduc Charles, depuis Empereur, fit un Decret fur le même fujet,
le 19 Juin 1709. Le 14 Août de la
même année les Etats-Généraux des
Provinces-Unies pafferent une Dé-

claration également favorable à la Maiſon de Lorraine.

Proteſtation. de la Maiſon de Conty au ſujet de ſes droits ſur les Comtés Souverains de Neufchâtel & de Valengin. *Utrecht* 12 *Avril* 1713.

Le Chevalier de S. George, plus connu ſous le nom de Prétendant, proteſta dès le 25 Avril 1712. contre tout ce qui pourroit-être ſtatué ou ſtipulé à ſon préjudice dans le Congrès d'Utrecht. Son Acte de proteſtation eſt daté de S. Germain en Laye, & ce Prince l'adreſſa en particulier à tous les Miniſtres aſſemblés à Utrecht. Quelques années auparavant, le 11 Avril 1701. Anne d'Orleans, Ducheſſe de Savoye, & Princeſſe du Sang d'Angleterre par Henriette d'Angleterre ſa mere, avoit proteſté contre l'Acte du Parlement d'Angleterre, pour étendre la ſucceſſion de la Couronne.

NEGOCIATIONS RELATIVES A LA PAIX D'UTRECHT.

A parler exactement, l'acceſſion de la Cour de Madrid au Traité de la Quadruple - Alliance , conſommoit l'ouvrage de la Paix , puiſque l'Empereur reconnoiſſoit Philippe V. pour Roi d'Eſpagne , & que ce dernier Prince cedoit à l'autre , les Pays-Bas & les Provinces que Charles II. avoit poſſedées en Italie. Mais dans l'ébranlement général que la Guerre de 1701. avoit cauſé , il reſtoit encore bien des meſures à prendre. Les eſprits étoient aigris , on avoit fait des ceſſions ſans renoncer à ſes prétentions ; en un mot , le feu n'étoit pas éteint , il n'étoit que caché ſous la cendre , & c'eſt pour prévenir un ſecond embraſement , qu'on aſſembla un Congrès à Cambray.

Les Miniſtres des Cours reſpectives s'y rendirent avec des inſtructions qui ne permettoient pas d'eſperer un prompt ſuccès. La Cour de Vienne n'avoit confenti aux difpofitions dont j'ai rendu compte au fujet de la fuc-ceffion de Parme & de Tofcane, qu'en fe flattant qu'elles n'auroient pas lieu. L'Empereur s'exageroit d'avance toutes les inquiétudes que devoit lui donner l'établiffement d'un Prince d'Efpagne dans le centre de l'Italie. Ses Miniftres efperoient qu'avant que Don Carlos pût entrer en poffeffion des Etats qui lui étoient promis, il naîtroit des incidens qui pourroient l'en priver. En conféquence de ces vûes, ils ne cherchoient qu'à multiplier les difficultés, & à retarder la conclu-fion des arrangemens définitifs.

La politique de la Cour de Vienne auroit échoüé, fi l'Efpagne eut fait dès-lors fon affaire capitale de l'entrée de D. Carlos en Italie. Cette derniere Puiffance auroit été favorifée par l'An-gleterre & les Provinces-Unies, qui ne doutant pas que la rivalité qui régne entre la Maifon de Bourbon & la Maifon d'Autriche, n'excitât encore de nouvelles broüilleries, devoient voir avec plaifir un établiffement qui

ouvroit l'Italie aux Efpagnols & aux
François , & qui tranfporteroit le
Theâtre de la guerre loin des Provinces où ces deux Puiffances font plus
interreffées de maintenir la paix. Les
Miniftres d'Efpagne ne fentirent point
l'avantage qu'ils avoient fur la Cour
de Vienne ; ils embrafferent trop
d'objets à la fois ; ils firent des demandes à l'Empereur , & malgré les
Traités de paix & d'alliance qu'ils
avoient faits avec la France & l'Angleterre le 13 Juin 1721. ils laif-
foient entrevoir une rencune fecrete
contre ces deux Couronnes, & ne
pouvoient fe réfoudre à abandonner
Gibraltar & Port-Mahon.

Les Conferences de Cambray n'a-
voient encore produit aucun effet
falutaire , lorfque l'Empereur Charles VI. établit dans les Pays-Bas une
Compagnie pour le Commerce des
Indes Orientales , & fit publier dans
fes Etats héréditaires la Pragmatique
Sanction , Acte dont je parlerai dans
la fuite avec quelque étendue. Les
Puiffances maritimes fe fouleverent

contre l'établissement d'Oftende, &
la France vit avec chagrin l'ordre de
fucceffion que Charles VI. vouloit
établir dans fa Maifon. Tandis que les
difficultés fe multiplioient ainfi, un
évenement imprévu caufa la diffolu-
tion du Congrès ; on fent que je veux
parler du renvoi de l'Infante deftinée
à monter fur le Trône de France. La
Cour de Madrid rappella fes Miniftres
de Cambray, & l'on ne fe flata plus
de pouvoir conferver la paix dans la
Chretienté.

Malgré l'éloignement que l'Empereur & le Roi d'Efpagne avoient fait
paroître l'un pour l'autre, pendant
les Conferences de Cambray, le Ba-
ron de Rippefda figna à Vienne le
30 Avril 1725. quatre Traités, l'un
avec l'Empire, & les trois autres
avec l'Empereur. Le premier ne contient rien d'interreffant, fi ce n'eft le
confentement du Corps Germanique
aux arrangemens pris au fujet de la
fucceffion des Duchés de Parme, de
Plaifance & de Tofcane. *art.* 4.

Par le Traité de Paix conclu entre
l'Empereur

l'Empereur & le Roi d'Espagne , on confirme tous les articles de celui de la Quadruple Alliance, & Philippe V. renouvelle sa renonciation à la Couronne de France. *art. 3.*

L'Empereur renonce à toutes ses prétentions sur l'Espagne , avec les mêmes clauses qui sont énoncées dans le Traité de la Quadruple Alliance. *art. 3. & 4.*

Le Roi d'Espagne consent au démembrement des Provinces que ses Prédecesseurs ont possedées dans les Pays-Bas & en Italie , & les cede à la Maison d'Autriche. *art. 5.* Dans l'article suivant on convient des dispositions d'ont j'ai déja rendu compte au sujet de la succession de Parme & de Toscane.

Le Roy d'Espagne renonce à tout droit de reversion à l'égard du Royaume de Sicile , & il est confirmé dans celui qu'il a acquis sur le Royaume de Sardaigne. *art. 7.*

Les Contractans continueront à prendre tous les titres qu'ils ont portés jusqu'à present ; mais leurs Successeurs

Tome II. H

ne prendront que ceux des Royaumes,
Duchés, Principautés, &c. dont ils feront réellement en poffeffion. *art.* 10.

Sa Majefté Imperiale garantit l'or-
dre de fucceffion à la Couronne d'Ef-
pagne, tel qu'il a été établi par les
Traités d'Utrecht, & Sa Majefté
Catholique garantit à l'Empereur la
Pragmatique Sanction. *art.* 12.

L'Empereur acquittera les dettes
qu'il a contractées en Catalogne, &
le Roi d'Efpagne payera celles qui
ont été faites en fon nom dans le Milanez, dans le Royaume des deux
Siciles & en Flandre. *art.* 14.

Bien loin d'être allarmées de l'u-
nion de ces deux Princes, les Puiffances maritimes, de même que le
refte de l'Europe, l'auroient vûë avec
plaifir; fi dans les Traités de Commerce & d'alliance défenfive fignés
le même jour, la Cour de Madrid
n'eut pas accordé à la Compagnie
d'Oftende les priviléges les plus favorables à fa navigation, & ne fe fut
engagée à la proteger contre fes ennemis. On foupçonna les Alliés de

former de grands projets ; on ne pensa
point que l'Espagne prodiguât ses
faveurs à l'Empereur , sans que ce
Prince n'eut promis par quelque article secret de la favoriser dans toutes
ses vües ; & dès-lors l'Angleterre &
la France , comme plus exposées aux
maux qu'on pouvoit craindre , se li-
guérent avec le Roi de Prusse par un
Traité signé le 3 Septembre 1725.
à Heerenhausen , & qu'on appelle
communement le Traité de Hanover.

Cette Alliance confirmoit tous les
articles de la pacification générale de
1713 ; mais comme elle ne fut con-
tractée que pour quinze ans , & qu'elle
ne peut influer aujourd'hui dans les
affaires de l'Europe , il suffit de remarquer que les Contractans se garan-
tissoient la possession actuelle de leurs
Etats , & tous les priviléges dont leurs
sujets joüissoient par rapport au commerce.

Tandis que les Provinces-Unies ,
dont la politique est de ne prendre
que le moins qu'il est possible d'engagemens nouveaux , balançoient à accé-

der au Traité de Hanover , & se
flattoient de pouvoir réussir par la
voye des négociations à faire révo-
quer l'octroi de la Compagnie d'Ostende , la Cour de Vienne négocia
avec succès à Petersbourg. La Czarine accéda le 6. Août 1726. aux
Traités de Vienne , & s'en rendit garant. L'Empereur débaucha même de
l'Alliance de Hanover le Roi de Prusse , qui refusa de signer l'Accession à
laquelle les Etats Généraux consenti-
rent enfin le 9. Août 1726.

Les Alliés de Hanover réparerent
la défection du Roi de Prusse par
l'Alliance de la Suede , qui entra dans
leurs engagemens le 25. Mars 1727.
& par les conventions qu'ils signerent
avec le Roi de Dannemarc , le Landgrave de Hesse-Cassel , & le Duc de
Brunswick-Wolfenbuttel ; tous ces
Princes s'engageoient à entretenir un
certain nombre de troupes qui seroient
aux ordres des Alliés.

Telle étoit la situation critique de
l'Europe , lorsque l'Espagne , voulant
profiter de ses Alliances , mit le siége

devant Gibraltar. On auroit vû re-
naître une guerre aussi cruelle que
celle de 1701, si le ministere de France n'eût voulu, à quelque prix que ce
fût, entretenir la paix, ou si la Cour
de Vienne eut secondé l'entreprise des
Espagnols. Dans ces circonstances le
Pape offrit sa Médiation, & le 7. Mars
1727, on signa à Paris des Articles
préliminaires, dont les plus importans
regardent la suspension de la Compagnie d'Ostende pendant l'espace de
sept ans, & la convocation d'un Congrès, indiqué d'abord à Aix-la-Chapelle, ensuite à Cambray, assemblé
en effet à Soissons le 14. Juin 1728,
& que les négociations particulieres
de Séville rendirent bientôt inutile.

Il étoit aisé d'étouffer les principales semences de division. La Cour de
Madrid, qui avoit à se plaindre de
l'Empereur, n'étoit que foiblement attachée aux Traités de 1725. D'ailleurs le mauvais succès de ses entreprises l'accoutumoit à ses pertes, &
commençant à faire son objet capital
des Duchés de Parme, de Plaisance

& de Toscane, elle étoit disposée à se reconcilier sincérement avec l'Angleterre. D'un autre côté, il est certain que les Puissances maritimes, soit par rapport au commerce d'Ostende, soit au sujet des prétentions de l'Espagne, auroient tout obtenu de Charles VI. en garantissant sa Pragmatique Sanction ; & cette démarche de leur part étoit une suite naturelle des principes par lesquels elles se conduisoient depuis soixante ans.

On se trompoit toutefois en se flatant que l'affermissement solide de la paix seroit l'ouvrage d'un Congrès. Les personnes accoutumées à remonter aux principes des choses, n'ignorent pas qu'il y a des affaires, qui par leur nature même, ne peuvent se terminer que par des négociations particulieres : c'est le cas où se trouvoit alors l'Europe. Il est vrai, comme je viens de le faire voir, qu'il y avoit un point commun de réunion entre la Cour de Vienne, l'Espagne, l'Angleterre & les Provinces-Unies ; mais d'autres Puissances ne leur permet-

ȼtoient pas de s'y rapprocher. La Fran-
ȼe, & quelques Etats intéreſſés à ne
pas laiſſer accréditer la Pragmatique.
Sanction de l'Empereur, ne vouloient
point que les négociations portaſſent
ſur cette baſe. Dès-lors comment eſperer que la Cour de Vienne ſe dé-
ſiſtât de ſon entrepriſe d'Oſtende, &
que la Reine d'Eſpagne aſſurât ſolide-
ment ſes droits ſur Parme & ſur la
Toſcane ?

Feu M. le Cardinal de Fleury, qui
n'avoit pu éblouïr l'Empereur ſur ſes
intérêts, s'apperçut bientôt de l'inutili-
té des Conferences de Soiſſons; & ſur
le champ, il ſe forma un nouveau plan
de politique. Pour forcer l'Empereur
à tout accorder, il voulut le mettre
dans la néceſſité de ne pouvoir rien
refuſer. Il falloit pour cela lui débau-
cher ſes Alliés, & l'on commença par
tâter la Cour de Madrid. On lui re-
préſenta que par les Traités de Vienne
de 1725, elle n'avoit rien obtenu de
plus que ce qui lui avoit été accordé
par la Quadruple-Alliance; & en pei-
gnant les mauvaiſes intentions que le

Miniftere de Vienne cachoit fous des lenteurs & des refus obftinés, on lui fit fentir qu'il fallóit recourir à des moyens plus efficaces, pour affurer les droits de D. Carlos, ou de fes freres, fur la Succeffion de Parme & de Tof-cane.

Cette négociation eut le fuccès qu'on en attendoit. La France, l'Angleterre & l'Efpagne, fignerent un Traité à Séville le 9. Novembre 1729, & les Etats Généraux y accéderent le 21. du même mois. On renouvella tous les articles de la Quadruple-Alliance, qui regardent les Duchés de Parme & de Tofcane; & il fut reglé que pour y affermir les droits de la Cour de Madrid, elle y feroit paffer 6000. hommes de fes troupes qu'on mettroit en garnifon dans Livourne, Porto-ferraio, Parme & Plaifance. *T. de Sc-ville, art. 9. & fuivans.*

Les Contractans fe garantirent tous leurs Etats, en quelque partie du monde qu'ils fuffent fitués, & les privilé-ges de leur commerce. En cas d'atta-que, on devoit fournir à la Puiffance offenfée

offenfée les fecours les plus confidérables ; & le Roi d'Efpagne déclaroit
que par les articles de Vienne de 1725,
il n'avoit point prétendu donner atteinte aux précédens Traités de Commerce & de Paix. *T. de Seville, art.*
1. & 3.

Les Alliés de Seville s'imaginerent
que leur union alloit faire trembler
l'Empereur, mais ce Prince fit bonne
contenance. Sûr de divifer fes ennemis, & même d'attirer dans fes interêts l'Angleterre & les Provinces-
Unies, dès qu'il confentiroit à renoncer à fon Commerce d'Oftende,
il ne craignit point, ou du moins fei-
gnit de ne point craindre la guerre ; &
pour s'oppofer à l'entrée des Efpagnols en Italie, il y fit paffer des forces confiderables. On vit cette fermeté avec d'autant plus de chagrin
qu'on s'y étoit moins attendu. Tandis
que l'Efpagne fommoit fes Alliés de
remplir leurs engagemens, le Miniftere de France n'oublioit rien pour ne
pas perdre le fruit qu'il s'étoit flaté de
retirer de fon Traité de Seville, c'eft-

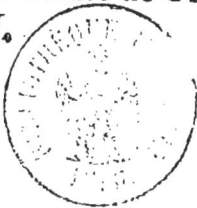

Tom. II.   I

à-dire pour porter la Cour de Vienne à y acceder ; mais tous fes mouvemens étoient inutiles. Sur ces entrefaites l'Angleterre trancha toutes les difficultés, en entamant avec l'Empereur une négociation fecrette, par laquelle elle lui offrit de garantir, de concert avec les Etats Généraux, fa Pragmatique Sanction. Tous les obftacles furent levés, & le Traité de ces Puiffances fut conclu à Vienne le 16 Mars 1731.

Le Roi d'Angleterre garantit à la Maifon d'Autriche fes Domaines contre les attaques de tous fes ennemis, à l'exception du Turc, & fe rend garant de la Pragmatique Sanction. *T. de Vienne, art.* 1. 2. *& art. féparé.*

De fon côté l'Empereur s'oblige à faire ceffer inceffamment, & pour toujours, tout Commerce aux Indes Orientales dans l'étenduë des Provinces qu'il poffede & qui ont appartenu au Roi d'Efpagne Charles II. *T. de V. art.* 5. Il foufcrit encore à tous les arrangemens qui ont été pris à Seville pour la fucceffion des Duchés de Tofcane & de Parme, & promet de porter l'Empire a y donner les mains. *art.* 3.

L'Angleterre fe hâta de communiquer à l'Efpagne les engagemens qu'elle venoit de contracter, cette Couronne les approuva, & par le Traité qu'elle figna à Vienne quelques mois après (le 22 Juillet,) avec l'Angleterre & l'Empereur, elle acceda à l'Alliance du 16 Mars, & renouvellà les articles de la Quadruple Alliance & les Traités de Vienne de 1725. Le Grand Duc qui avoit fait fignifier aux Miniftres Plénipotentiaires affemblés à Cambray fa proteftation contre les arrangemens qu'on avoit pris au fujet de fes Etats, confentit à tout ce qu'on exigoit de lui, & conclut avec la Cour de Madrid le Traité de Florence dont j'ai rendu compte au commencement de ce Chapitre. La paix fut affermie. 6000. Efpagnols s'embarquerent à Barcelone le 17 Octobre 1731. & defcendirent à Livourne le même mois, malgré les

I 2

proteftations du Saint Siége.

Avant que de finir cet article, je dois remarquer que le 20 Fevrier 1732. les Provinces-Unies accéderent au Traité de Vienne du 16 Mars; mais ce fut avec quelques explications approuvées & adoptées par les Contractans, & dont je parlerai dans le dixiéme Chapitre de cet ouvrage.

CHAPITRE VIII.

Paix du Nord, Traités de Stokholm & de Neuftadt.

EN rendant compte des Traités de Weftphalie, d'Oliva & de Coppenhague, on a vu quelle fuperiorité la Suéde avoit acquife dans le Nord, & combien elle s'étoit rendu redoutable à l'Europe même. Peut-être n'a-t'on pas remarqué fur quels fondemens peu folides, la grandeur de cette Couronne étoit établie. Pour executer tout ce qu'ils avoient fait fous la conduite du Grand Guftave, lès Suédois avoient eu besoin des subsides de la France, des secours des Protestans d'Allemagne, & d'un génie aussi élevé, aussi profond & aussi vaste que celui de leur Roi. Cette vérité devient sensible quand on examine le regne de Charles Gustave, Prince capable des mêmes choses que le pere de la Reine Christine, s'il eût eu les mêmes ressources ; mais borné à celle de ses Etats & de son génie, il n'eut que les succès que peut donner le courage ; il ébranla le Trône de Pologne & celui de Dannemarc, & ne put affermir ses conquêtes. La Suéde en effet n'étoit assés puissante ni en hommes ni en argent, pour finir par elle-même les grandes entreprises qu'elle ébauchoit.

Le Regne de Charles XI. son fils fut peu glorieux, & ce qui contribua sans doute plus que tout le reste à diminuer la consideration dont la Suéde joüissoit, c'est l'alliance qu'elle contracta avec les ennemis de la France. Je crois qu'on ne sera pas fâché de trouver ici ce qu'un politique a écrit fur ce fujet, dans *fes intérêts des Princes.*

,, Il eſt vrai, dit-il, que par la Paix
,, de Nimegue les affaires avoient
,, changé de face à l'égard de plufieurs
,, Puiſſances, mais elles n'avoient
,, point changé pour Charles XI. Roi
,, de Suéde. Car non feulement fes
,, Prédeceſſeurs avoient l'obligation
,, à la France de la grandeur où
,, ils étoient montés ; mais il lui en
,, avoit encore lui-même une toute
,, recente, laquelle il ne devoit jamais
,, oublier, puifqu'il l'avoit vû faire
,, marcher fes Troupes en Allemagne
,, pour le rétablir en fes Etats, ce qui
,, ne fe pouvoit faire fans elle. Il avoit
,, encore les mêmes ennemis que par
,, le paſſé, & même ils étoient deve-
,, nus plus puiſſans & lui plus foible,
,, dont il ne pouvoit douter, puifqu'il
,, venoit d'en faire une fatale expe-
,, rience. Qu'eſt-ce que tout cela vou-
,, loit dire, finon qu'il avoit toujours
,, befoin de la même protection : l'af-
,, faire des Deux-Ponts n'étoit pas
,, capable de rompre une intelligence

„ fi neceffaire : auffi ne croit-on pas
„ que ç'ait été cela qui en ait été caufe.
„ Qu'a-ce donc été , & qui nous le
„ pourra dire ? Certes c'eft à quoi
„ on feroit bien empêché , du moins
„ pour en donner une bonne raifon :
„ car pour en dire la vérité , jamais la
„ Suéde n'a fait de plus grande faute ,
„ quoique fes partifans en puiffent dire.
„ Auffi croyons-nous qu'elle n'a pas
„ été jufqu'à prefent fans la reconnoî-
„ tre & même fans s'en repentir.

„ Son veritable intérêt étoit donc
„ de continuer dans une Alliance qui
„ lui avoit été fi favorable. Premie-
„ rement parcequ'elle étoit en état
„ plus que jamais de lui procurer de
„ nouveaux établiffemens. Seconde-
„ ment parceque caufant de la jaloufie
„ à tous fes voifins, fa feule confidera-
„ tion étoit capable de les empêcher
„ de lui donner des marques de leur
„ méchante volonté. Troifiemement
„ parcequ'ayant befoin d'être armé ,
„ à caufe de fes Etats qui font feparés
„ les uns des autres , il en tiroit de-
„ quoi fubvenir en partie à la dépenfe

I 4

,, qu'il lui falloit faire, au lieu que
,, prefentement il ne tire rien de per-
,, fonne, pendant que toutefois il eft
,, plus obligé que jamais de fe tenir
,, fur fes gardes, à caufe du Danne-
,, marc qui ne fait qu'épier l'occafion
,, de recouvrer ce qu'il a perdu.

,, Nous trouverions bien encore
,, plufieurs autres raifons qui l'obli-
,, geoient à continuer dans cette al-
,, liance ; mais nous aimons mieux les
,, paffer fous filence, que d'ennuyer
,, le Lecteur par un long difcours.
,, D'ailleurs nous croyons qu'on ai-
,, mera mieux que nous difions celles
,, qui l'ont pu porter à la rompre, ce
,, que nous ferons fans prendre le
,, change, c'eft-à-dire, fans nous ar-
,, rêter aux prétextes qu'il a pris pour
,, le faire. Nous foüillerons donc juf-
,, qu'au fond de fon Cabinet, pour en
,, pénetrer la raifon, ce qui eft d'au-
,, tant plus difficile, qu'il a fait tout
,, ce qu'il a pu pour la cacher. Les
,, prétextes qu'il a pris, font que ne
,, s'étant engagé dans la Guerre de
,, 1672. que pour rendre fervice à la

,, France, elle étoit obligée de l'in-
,, demnifer de toutes les pertes qu'il
,, avoit fouffertes, ce qu'elle n'a pas
,, fait néanmoins, puifqu'elle a con-
,, fenti que les Princes qui avoient les
,, armes à la main contre lui, ayent
,, retenu quelques Bailliages qui les
,, accommodoient, nonobftant toutes
,, les inftances qu'il a pu faire auprès
,, d'elle pour l'en empêcher : que cette
,, Couronne n'a pas fait paroître feu-
,, lement à cet égard, le peu de con-
,, fideration qu'elle avoit pour lui,
,, mais encore en foutenant à fon pré-
,, judice les droits du Prince Adolphe
,, touchant le Duché des Deux-Ponts,
,, afin que tant que la Guerre dure-
,, roit elle pût s'en attribuer le fequef-
,, tre : que fon mépris avoit encore
,, paru vifiblement, en ce qu'au lieu
,, d'être ponctuelle à lui payer les
,, arrerages des fubfides qu'elle lui
,, avoit promis, elle en avoit éloigné
,, le payement fous divers prétextes :
,, qu'enfin tout fon but n'avoit été que
,, de le jetter dans une extrême neceffi-
,, té, afin d'avoir lieu de lui faire la loi.

,, mais une loi ſi dure qu'il fut obli-
,, gé de demeurer dans une honteuſe
,, dépendance.

,, Voilà quel a été le prétexte que
,, la Suede a mis en avant pour rom-
,, pre avec la France ; mais la verita-
,, ble cauſe eſt qu'ayant été dans les
,, allarmes continuelles pendant la
,, derniere Guerre de 1672. elle a
,, cru que la même choſe arriveroit
,, encore dès qu'on viendroit à rom-
,, pre la paix. Elle a donc voulu pré-
,, venir de bonne heure un mal, qu'el-
,, le ne pouvoit éviter de quelque côté
,, qu'elle ſe tournât. Car elle conſide-
,, roit que la Guerre venant à recom-
,, mencer en Allemagne, la plus grande
,, partie de ceux qui s'étoient déclarés
,, contre elle, ſe déclareroient encore,
,, & qu'il falloit s'en débarraſſer en
,, obligeant l'Empereur & l'Empire
,, de ſe déclarer en ſa faveur. Mais
,, l'on peut dire que ce ſont là de
,, fauſſes meſures que cette Couronne
,, a priſes ; parceque ſes ennemis n'ont
,, pas coûtume d'emprunter ainſi leurs
,, mouvemens de perſonne, & qu'elle

» fe prive de l'alliance de la France
» dans le temps qu'elle conferve tous
» fes anciens ennemis.

Charles XII. occupoit le Trône
de Suede à la fin du dernier fiécle, il
étoit encore dans fa premiere jeunef-
fe, rien n'annonçoit en lui les qualités
brillantes & extraordinaires qui l'ont
rendu depuis fi fameux, & ce moment
parut à fes voifins un moment précieux
dont ils devoient profiter pour fe
venger. Tandis que le Roi de Pologne & le Czar projettoient de chaffer
ce Prince des Provinces qu'il pof-
fedoit en deça de la Mer Baltique,
le Roi de Dannemarc leur Allié commença les premieres hoftilités en atta-
quant le Duc de Holftein. Charles
outragé ne parla que de châtier fes
ennemis, & en partant de Stokholm
il fait vœu de n'y rentrer que vengé.
L'ame du Héros fe déploye ; fon génie
lui tient lieu d'experience ; & portant
la Guerre fous les murs de Coppenhague, il contraint fon ennemi à men-
dier la Paix. Plus heureux encore en
Pologne, il en chaffe le Roi Augufte,

donne fa Couronne à Staniflas, pour-
fuit fon ennemi en Saxe, & ne lui laiffe
que le choix de perdre fes Etats héréditaires ou de renoncer autenthique-
ment à un Royaume qu'il avoit déja
perdu.

Toute l'Europe avoit les yeux fixés
fur Charles XII. & fembloit attendre
ce qu'il décideroit de fon fort. Si ce
Prince en effet eut dit un mot, la
Guerre allumée pour la fucceffion
d'Efpagne étoit terminée. L'Empire
lui étoit ouvert, rien n'étoit capable
de l'arrêter ; & la Cour de Vienne
effrayée à l'approche de ce nouveau
Guftave, auroit recherché la Paix. Il
eft aifé de fentir combien une pareille
conduite ajoutoit à la réputation de la
Suede ; elle affermiffoit l'empire que
les Suédois avoient acquis fur leurs
voifins, & reparoit la faute que leur
gouvernement avoit faite en renonçant à l'Alliance de la France. Ce
projet étoit trop grand & pas affés
extraordinaire pour flater le caractere
impétueux de Charles XII. Il y fub-
ftitua le deffein de détrôner le Czar

Pierre I. Il retourne fur fes pas , &
traverfe la Pologne pour penetrer
dans la Mofcovie par le Pays des
Cofaques.

Pierre le Grand n'avoit point comme fon ennemi l'avantage de regner
fur des Sujets dignes de lui , ni de
fuccéder à des Princes qui lui euffent
laiffé de grands exemples à fuivre , une
réputation à foutenir , ou qui même
euffent jetté dans l'état le germe &
les principes des grandes chofes. Le
defpotifme de fes Prédéceffeurs , leur
ignorance & celle d'un Clergé or-
güeilleux & fuperftitieux , avoient retenu les Mofcovites dans une Barbarie
d'autant plus groffiere , qu'ils ne foupçonnoient pas même ce qui leur manquoit. Une pareffe léthargique rom-
poit l'action de tous les refforts qui
auroient pu donner du mouvement à la
Nation ; en un mot, les Troupes fans
difcipline & toujours prêtes à fuir,
n'ofoient qu'infulter le Citoyen &
faire des conjurations contre leur
maître. Comme le courage de Charles augmentoit avec le nombre de fes

ennemis, les reſſources du génie de
Pierre ſe multiplioient avec les obſta-
cles qu'il avoit à combattre. Il parvint
à éclairer ſes Sujets, il les retira de
l'état de mort dans lequel ils étoient
plongés ; il regarda les défaites de ſes
Troupes comme un apprentiſſage à
la victoire, & je ne ſçais s'il n'eſt pas
plus beau pour ce Prince d'avoir eſ-
peré de vaincre Charles XII. que de
l'avoir même vaincu à Pultova.

Tout le monde connoît les ſuites
de cette Bataille. Charles obligé de
fuir, cherche un azile ſur les terres
du Grand Seigneur, & la Suede ſen-
tit alors que ce Prince étoit l'ame de
ſa grandeur. Le Roi Auguſte rentre
en Pologne, quoiqu'il eût renoncé à
tous ſes droits par le Traité d'Alt-
Ranſtad ; le Dannemarc reprend les
armes ; enfin le Roi de Pruſſe & la Maiſon de Brunſwik-Lunebourg s'enga-
gerent d'autant plus volontiers dans
cette querelle, que les dangers qu'ils
avoient à craindre, en faiſant la guerre
aux Suedois, ne pouvoient contrebalancer les avantages qu'ils en devoient eſperer.

Après la mort de Charles XII. tué au Siége de Fredericzhal en 1718, les Etats de Suede déférerent la Couronne à Ulrique-Eléonor sa sœur, mariée au Landgrave de Hesse-Caffel. Il étoit néceffaire à la tranquillité, & même à la fûreté de cette Princesse, de s'accommoder avec ses ennemis. Son Royaume étoit ruiné, & ne pouvant efperer de fortir de l'abîme, où le courage opiniâtre du feu Roi l'avoit jetté, il falloit recevoir la loi du vainqueur ; & pour prévenir une ruine totale, fe hâter de conclure un accommodement que de nouveaux revers pouvoient rendre plus dur.

Quoique le midi de l'Europe fut menacé d'un fecond orage, & que la France, ainfi qu'on l'a pu voir dans le Chapitre précédent, ne fut pas tranquille, elle agit cependant en faveur des Suedois. C'eft fous fa Médiation qu'ils firent leur paix à Stokholm, le 20. Novembre 1719, avec le Roi d'Angleterre, comme Electeur de Hanover. Ce Prince donna à la Suede un million de Rifchdalles, & par le huitiéme article de fon Traité convint avec la Reine Ulrique, de renouveller toutes les anciennes Alliances que leurs Prédécefleurs avoient contractées. Cette feconde négociation ne fut pas longue, l'Angleterre & la Suede conclurent à Stokholm, le 1. Fevrier 1720, une Alliance défenfive. Le Roi George reconnoît qu'en vertu du Traité conclu en 1700, entre Guillaume III. & Charles XII. il eſt obligé d'envoyer, au commencement du printemps, dans la mer Baltique une efcadre qui fecourra les Suedois contre les hoſtilités du Czar. On ajoûte, qu'après que la Ruffie aura fait fa paix, l'Angleterre rappellera fes vaiffaux, & fe contentera de payer à la Suede des fubfides en argent, fuppofé que le Dannemarc n'ait pas confenti à un accommodement.

Les fuites de cette premiere négociation ne pouvoient être plus heureufes. Le Roi de Pruffe fe hâta de faire la paix, prévoyant, fans doute, que les Suedois fe prêteroient moins à fes propofitions, à mefure que le nombre

de

de leurs ennemis diminueroit. Son Traité fut signé à Stokholm le même jour que l'Angleterre y avoit conclu son Alliance, & ce Prince promettoit de ne donner aucun secours à Pierre I. ni à ses Alliés, pendant le reste de la guerre. Le Dannemarc songea alors sérieusement à s'accommoder, fâché de n'avoir pas prévenu la Cour de Berlin, il comprit que ses conquêtes alloient lui échapper des mains si la Russie traitoit avant lui. La France & l'Angleterre interposerent leur Médiation, & le Dannemarc signa sa paix à Stokholm le 14. Juin 1720.

Les forces de la Russie étoient trop supérieures à celles de la Suede, pour que les accommodemens dont je viens de parler, inquietassent le Czar, & lui fissent craindre quelque revers en continuant la guerre. La flote Angloise n'étoit qu'un vain épouventail pour Pierre le Grand. Ce Prince sçavoit que la Maison de Hanover avoit été payée d'avance du secours qu'elle donnoit, qu'ainsi sa reconnoissance seroit plus molle, & qu'il n'étoit pas

de l'intérêt des Anglois de se broüiller
avec lui pour secourir inutilement la
Suede. D'ailleurs il n'ignoroit pas que
les Puissances du Midi, occupées par
des négociations importantes, étoient
menacées d'une seconde guerre.

Ce Prince fit cependant sa paix à
Neustadt, le 10. Septembre 1721. Il
n'avoit entrepris la guerre que dans la
vûë d'avoir un Port sur la Baltique,
& on lui cédoit plusieurs Provinces sur
cette mer. Lui restoit-il autre chose
à désirer que de mettre la derniere
main aux grands projets qu'il avoit
formés pour le bien de ses sujets ?

On verra par l'extrait des Traités
dont je vais parler, que la Suede a
perdu presque tout ce qu'elle avoit
acquis par les Traités d'Osnabruch,
d'Oliva & de Coppenhague. Mais ce
ne sont point ces pertes qui lui ont
enlevé la considération dont elle joüissoit ; deux ou trois Provinces de plus
ou de moins, souvent ne fortifient ni
n'affoiblissent un Royaume. L'écono-
mie & l'industrie pouvoient rétablir
les Finances des Suedois ; une bonne

Police pouvoit conferver leur réputation; ce qui les a réellement affoiblis,
c'eft le changement qu'ils ont fait dans
la forme de leur Gouvernement.

On ne peut diffimuler que cette
Nation n'ait eu à fe plaindre de la
hauteur avec laquelle Charles XII.
l'a gouvernée. Plus l'héroïfme de ce
Prince lui avoit fait de maux, plus
elle crut devoir prendre à fa mort de
précautions centre un pareil fléau. La
politique cependant ne lui en faifoit
pas une loi, la nature produifant rare-
ment des Charles XII. & d'ailleurs fi
elle en place un fur un Trône, il fub-
jugue les efprits, il enyvre fa nation
de fa gloire, & dès-lors il y joüit d'un
pouvoir arbitraire, malgré toutes les
Loix. Je ne fçais fi la Suede, en ref-
ferrant l'autorité du Prince dans des
bornes fort étroites, eft plus heureufe
au-dedans; mais on ne peut douter
qu'elle n'ait perdu beaucoup de fon
crédit au-dehors. Son alliance doit-
être moins recherchée, parceque dé-
pendant des caprices, des cabales &
des intrigues du Senat & des Etats,

il eſt plus difficile de ſe la concilier & de l'entretenir. Quel fond les Etrangers peuvent-ils faire ſur les promeſſes & les ſecours d'une nation, qui par les principes mêmes de ſon Gouvernement eſt déſunie, qui ne peut ſe propoſer un même objet, & qui ne doit agir qu'avec lenteur ?

La ſituation préſente du Nord eſt un des objets les plus intéreſſans qui puiſſent occuper la politique. Que de réflexions on peut faire ſur les reſſorts du Gouvernement de la Ruſſie, de la Pologne, de la Suede, du Dannemarc & de la Pruſſe, & ſur leurs intérêts reſpectifs ! L'Empire Ruſſien n'eſt point déchu depuis le régne de Pierre le Grand; les Arts s'y perfectionnent de jour en jour ; ſon Commerce s'étend ; ſa Marine eſt floriſſante ; il a reculé ſes Frontieres, & ſes Milices aguerries & diſciplinées ont fait voir, dans ces dernieres années, qu'elles conſervent l'eſprit de celles qui battirent les Suedois à Pultova. Pierre I. avoit toujours voulu acquerir une Principauté dans l'Empire ; l'avantage que ce Prince

défiroit, fa Nation le poſſéde en quelque forte dès aujourd'hui, que le Duc
de Holſtein eſt déſigné Succeſſeur
de l'Imperatrice Eliſabeth. Mais parmi les révolutions qui ont agité les
Ruſſes depuis la mort de l'Imperatrice Anne Iwanowna, ne s'eſt-il
point formé dans leur Monarchie
quelque cauſe de deſtruction, ou du
moins d'affoibliſſement ? On pourroit le craindre avec quelque raiſon ;
mais on eſt perſuadé que le Gouvernement actuel de Peterſbourg eſt trop
éclairé pour ne les pas appercevoir,
& trop ſage pour ne pas étouffer
ces germes de diſcorde avant qu'ils
puiſſent jetter de profondes racines.

MAISON DE HANOVER.

La Reine & le Royaume de Suede
cédent à George I. Roi d'Angleterre, comme Duc & Electeur de Hanover, les Duchés de Bremen & de
Verden, pour en joüir avec les mêmes priviléges & les mêmes immunités que la Couronne de Suede les a

poſſédés , ou les a dû poſſéder , en
vertu des Traités de Weſtphalie &
des Conceſſions des Empereurs & de
l'Empire. On céde encore toutes les
annexes , dépendances , &c. des deux
Duchés , de façon cependant que la
Maiſon de Hanover ſe chargera de
faire valoir ces droits ; & qu'à preſent,
ni dans l'avenir , elle ne pourra avoir
aucun recours ſur la Suede , au ſujet
de cet engagement. *T. de Stokholm ,
art. 3. & 4.*

La Maiſon de Hanover laiſſera ſub-
ſiſter les libertés & les priviléges qui
ont été accordés aux ſujets des Duchés de Bremen & de Verden. *T. de
Stokholm , art. 4.* Il eſt d'uſage de ne
point céder une Province , une Ville
ou quelque Territoire , ſans inſerer
dans le Traité une clauſe au ſujet de
leurs immunités. C'eſt une derniere
marque de protection qu'un Souverain
donne aux ſujets qu'il abandonne , ſoit
pour les récompenſer du zèle qu'ils
ont eu pour ſon ſervice , ſoit pour
ſe concilier leur affection. Ces ſortes
de conventions ne ſont ordinairement

exécutées que quand elles ne font pas contraires aux intérêts du nouveau poffeffeur, & elles ne peuvent gueres caufer une rupture entre les Contrac- tans. Le Prince qui viole fon Traité dans cet article, ne manque jamais de raifons apparentes pour juftifier fa con- duite; & d'ailleurs celui qui a cédé un pays à fon ennemi, voit fans cha- grin que fes anciens fujets fe trouvent dans le cas de regretter fa domina- tion; c'eft un avantage dont il compte profiter dans la premiere guerre.

Le Traité d'Ofnabruch fera con- fervé dans toute fa force, à l'excep- tion des articles aufquels on a dérogé par des conventions précédentes, ou aufquels on dérogera par les arrange- mens à prendre pour achever la paci- fication du Nord. *T. de Stok. art.* 9.

La Suede & la Maifon de Brunf- wick s'engagent à faire tout ce qui dépendra d'elles, pour affurer l'obfer- vation de la Paix de Weftphalie, tant à l'égard des chofes Eccléfiaftiques que des chofes politiques. *T. de Stok. art.* 9. Cet article a rapport à la fa-

meuse claufe qui regarde la Religion
dans le Traité de Ryfwick ; j'en ai
rendu compte dans le cinquiéme Chapitre de cet Ouvrage.

Prusse.

La Reine & le Royaume de Suede
cédent au Roi de Pruffe & à fes Succeffeurs la Ville de Stetin, toutes les
Terres qui font entre l'Oder & le
Pehne, les Ifles de Wolin & d'Ufe-
don, les embouchures de la Suine &
du Dievenau, l'Urifch-Have, & l'O-
der jufqu'à l'endroit où il fe jette
dans le Pehne. Cette derniere riviere
fervira de limite aux deux Etats, elle
appartiendra en commun aux deux
Contractans, qui ne pourront y établir de nouveaux impôts, ni augmenter les anciens. Le Roi de Pruffe joüira dans les Domaines dont il entre en
poffeffion, de tous les droits qui appartenoient à la Suede en vertu du
Traité d'Ofnabruch. A l'égard de la
féance & du fuffrage que la Couronne
de Suede a dans les Diétes générales
ou

ou particuliéres de l'Empire, pour le Duché de Pomeranie, il n'y fera fait aucun changement. *T, de Stok. art. 3. 4. & 12.*

Le Roi de Pruſſe étoit en poſſeſ-ſion de Stetin depuis que Frede-ric Auguſte, Roi de Pologne, & le Czar Pierre I. lui avoient cédé cette Ville en ſequeſtre par le Traité de Schweadt du 6. Octobre 1713. Ce Prince s'étoit engagé de ſon côté à empêcher que les troupes Suedoiſes, qui reſtoient dans la Pomeranie Roya-le, ne commiſſent aucune hoſtilité contre les Alliés du Nord, & à payer les frais du ſiége de Stetin, évalués à 400. mille écus d'Allemagne.

Le Roi de Pruſſe ſe charge des det-tes hypothéquées ſur les lieux qui lui ſont cédés. *T. de Stok. art. 9.*

Le Licent de Stetin appartiendra au Roi de Pruſſe; tous les vaiſſeaux, de quelque nation qu'ils ſoient, allant à Stetin ou en revenant, payeront ſeu-lement à Wolgart l'ancienne Doüane, appellée *Furſten-Zoll.* A l'égard des vaiſſeaux qui entreront de la Mer dans

Tome II. L

les rivieres du Pehne, de Trebel &
autres fans toucher à Stetin, foit en
allant, foit en revenant, ils payeront
à Wolgart, non feulement l'ancienne
Doüane, mais auffi le Licent de Stetin. *Acte pour le Licent de Stetin, fait
à Stokolm le 31. May 1720.*

La Suede céde au Roi de Pruffe
les Villes de Dam & de Golnaw,
fituées dans la Pomeranie ultérieure,
avec toutes leurs appartenances, dépendances, droits, &c. *T. de Stok.
art. 19.*

On exécutera fidellement tous les
articles des Traités de Weftphalie,
aufquels on n'a fait aucun changement,
ou aufquels il ne fera point dérogé
par la pacification du Nord. *T. de
Stok. art. 20.*

Les Contractans feront tous leurs
efforts pour que les Proteftans & les
Réformés, loin d'être opprimés, joüiffent des priviléges qui leur ont été
accordés par les Paix de Weftphalie
& d'Oliva. A l'égard des Places qui
lui font cédées, le Roi de Pruffe promet que quand quelque affaire con-

cernant les sujets de la Confession d'Aufbourg, sera portée au Consistoire Prussien, elle ne sera jugée que par des membres de la Confession d'Aufbourg. *T. de Stok. art. séparés*, 1. & 2.

DANNEMARC.

La Suede déclare qu'elle ne s'oppose point à ce qui a pu être stipulé entre le Dannemarc & les Puissances médiatrices (la France & l'Angleterre) au sujet du Duché de Slefwick. Elle s'engage à ne donner au Duc de Holstein aucun secours qui pourroit préjudicier à cette stipulation. *T. de Stok. art.* 6. La France & l'Angleterre, pour engager le Roi de Dannemarc à se dessaisir de l'Isle de Rugen, de Stralsund & du reste de la Pomeranie Royale, convinrent que ce Prince resteroit en possession du Duché de Slefwick. ,, Ayant été informé, dit ,, le Roi de France, des difficultés ,, insurmontables qui se rencontroient ,, pour la restitution à la Couronne

„ de Suede, de l'Ifle & Principauté
„ de Rugen, & la Forterefſe de Stral-
„ fund, & du reſte de la Pomeranie
„ jufqu'à la riviere du Pehne, occu-
„ pées par la Couronne de Danne-
„ marc, ſi elle n'étoit afſurée de la
„ poſſeſſion de Slefwick, laquelle S.
„ M. Britannique lui a déja garantie;
„ le Roï Très-Chrétien a bien voulu
„ pour toutes ces confidérations, &
„ fur les inſtances des Rois de la
„ Grande Bretagne & de Dannemarc,
„ accorder à cette derniere Couron-
„ ne, comme il lui donne par ces
„ Préfentes, la garantie du Duché de
„ Slefwick.

C'eſt pour ménager la délicateſſe
du Roi & de la Reine de Suede, qu'on
n'éxigea point leur confentement formel dans la ceſſion du Duché de Slefwick. Il ne convenoit pas que cette
Puiſſance abandonnât les intérêts d'une
Maifon qu'elle avoit toujours défendue avec une extrême vivacité, &
qui n'étoit dépouillée de ſes Etats, que
pour avoir été fidellement attachée à
Charles XII. D'ailleurs le Duc de

Holſtein étoit neveu de la Reine de
Suede, & loin de ſe déclarer ſon concurrent au Trône, en vertu des droits
de ſa mere ſœur aînée de Charles
XII. il lui en avoit applani le chemin.

Le Dannemarc renonce à toutes
les prétentions qu'il peut avoir ſur
Wiſmar. Cette Ville ne ſera jamais rétablie, & ſes Fortifications reſteront
dans l'état où elles ſont actuellement.
T. de Stok. art. 8. Acte d'élucidation
de ce Traité, fait à Frederichſbourg le
14. Juillet 1720.

Les Suedois & les autres ſujets de
la Couronne de Suede payeront les
droits du Sund & du Belt comme les
Anglois, les Hollandois & la nation,
à préſent ou dans la ſuite la plus favoriſée. T. de Stok. art. 9.

Aucun des Contractans ne formera
d'alliance qui pourroit être préjudiciable à l'autre. Tous les anciens Traités
paſſés entre la Suede & le Dannemarc
ſont rappellés & maintenus dans leur
force, à l'exception des articles auſ-
quels on a fait quelque changement.
T. de Stok. art. 4. & 16.

L 3

RUSSIE.

Le Roi de Suede & le Czar de Ruſſie ne contracteront dans la ſuite aucune Alliance contraire aux articles de paix dont ils conviennent actuellement. *T. de Neuſtad, art. 1.*

La Suede céde au Czar les Provinces qu'il a conquiſes ; ſçavoir la Livonie, l'Eſtonie, l'Ingermanie, une partie de l'Ingrie, le Diſtrict du Fief de Wibourg, les Iſles d'Oëſel, Dagoë, Moen, & généralement toutes les Iſles depuis la frontiere de Curlande, ſur les côtes de Livonie, d'Eſtonie & d'Ingermanie, & du côté Oriental de Revel, ſur la mer qui va à Wibourg, vers le Midi & l'Orient. *T. de Neuſt. art. 4.*

Les limites de la Suede & de la Ruſſie commencent ſur la côte Septentrionale de Sinus Finicus, près de Wickolaz, d'où elles s'étendent à une demi lieuë du rivage de la mer juſques vis-à-vis de Willayeki, & de-là plus avant dans le pays ; en ſorte que

du côté de la mer , & vis-à-vis de
Rochel, il y aura une diftance de trois
quarts de lieuë dans une ligne diametrale jufqu'au chemin qui va de Wibourg à Lapftrand , à la diftance de
trois lieuës de Wibourg , & qui va
dans la même diftance de trois lieuës
vers le Nord par Wibourg dans une
ligne diametrale jufqu'aux anciennes
limites qui ont été ci-devant entre la
Ruffie & la Suede , même avant la
réduction du Fief de Kexholm , fous
la domination du Roi de Suede. Ces
anciennes limites s'étendent du côté
du Nord à huit lieuës , de-là elles vont
dans une ligne diametrale au travers
du Fief de Kexholm, jufqu'à l'endroit
où la mer de Paroieroi, qui commen-
ce près du Village de Kudumagube ,
touche les anciennes limites qui ont
été entre la Ruffie & la Suede ; tellement que Sa Majefté le Roi & le
Royaume de Suede poffederont toujours tout ce qui eft fitué vers l'Oüeft
& le Nord, au-delà des limites fpeci-
fiées, & Sa Majefté Czarienne & l'Empire de Ruffie poffederont à jamais ce

qui eſt ſitué en-deçà du côté de l'O-
rient & du Sud. A l'égard des limites
dans le pays des Zapmarques, on n'y
apportera aucun changement. *T. de
Neuſt. art.* 8.

Le Roi de Suede ne prendra plus
les titres des Provinces qu'il a cedées,
& il les donnera au Czar en traitant
avec lui. *T. de Neuſ. art. ſeparé.*

Le Czar laiſſera à ſes nouveaux
Sujets le libre exercice de leur Religion, leurs Egliſes & leurs Ecoles, à
condition qu'on pourra auſſi exercer
dans leur Pays la Religion Grecque.
T. de Neuſ. art. 10.

Le Czar ne ſe mêlera point des
affaires domeſtiques de la Suede, ni
de la forme de Regence établie par
les Etats du Royaume. *T. de Neuſ.
art.* 7. A la mort de Charles XII. les
Suédois prétendirent avoir recouvré
leur liberté naturelle. Ils ſoutinrent que
les Princeſſes de la Maiſon Royale
perdoient tous leurs droits ſur la Couronne en ſe mariant à des Princes
étrangers, & de ce principe qui pouvoit être combattu, les Etats aſſem-

blés de la Nation conclurent qu'ils étoient en droit de se faire un Souverain.

Personne ne s'opposa aux prétentions des Suédois. Le Duc de Holstein, pere du Prince aujourd'hui héritier présomptif de Russie, & fils de la Princesse Hedwige-Sophie sœur aînée de Charles XII. pouvoit leur contester leur liberté ; mais ce Prince dépouillé de ses Etats, n'étoit pas en situation de donner du poids à ses raisons. Il ne tenta point une démarche qui lui paroissoit inutile ; car il sentoit que la Suede ne cherchant qu'à s'accommoder avec le Dannemarc, ne se jetteroit pas dans de nouveaux embarras en choisissant un Roi qu'il faudroit retablir dans ses Etats patrimoniaux dont les Danois s'étoient emparés.

La Princesse Ulrique - Eléonor, sœur cadete de Charles XII. & mariée au Landgrave de Hesse-Cassel aujourd'hui Roi de Suede, se garda bien de ne pas approuver les Suédois, & ne pouvant monter sur le Trône qu'en vertu du droit qu'ils prétendoient avoir de fe choifir un maître, elle les flata par politique.

Les arrangemens des Suédois ne furent pas approuvés par le Czar Pierre le Grand, qui ayant marié une de fes filles au Duc de Holftein, vouloit faire valoir fes droits. C'eft pour prévenir les révolutions qu'on devoit craindre, qu'on infera dans le Traité de Neuftadt la ftipulation que je viens de rapporter.

Toutes les hoftilités cefferont entre la Suede & la Pologne, & ces deux Couronnes cultiveront une Paix durable. *T. de Neuf. art.* 15. Il n'y a point eu de Traité direct entre le Roi de Suede & le Roi Augufte de Pologne, n'étant queftion à leur égard d'ancune ceffion reciproque. Le 20 May 1729. le Roi de Suede écrivit feulement au Roi de Pologne qu'il oublioit tout le paffé; qu'il s'engageoit pour lui & au nom de fes Succeffeurs d'entretenir une Paix fincere avec la République de Pologne & l'Electorat de Saxe; & il ajoute que cette déclaration aura de fa part la même force

qu'un Traité formel de Paix. Le Roi
Auguste répondit le 2 du mois suivant
en faisant la même déclaration, & il
fit publier dans ses Etats qu'il avoit
fait la Paix avec la Couronne de
Suede.

SUEDE. RUSSIE.

Les Suédois & les Russes, par rapport au Commerce, se traiteront respectivement comme la Nation la plus
favorisée. *T. de Neuf. art.* 16.

Les Vaisseaux Russes en passant
devant une Forteresse de Suede, la
salueront de leur canon, & la Forteresse répondra au salut. Les Vaisseaux
Suédois observeront le même céré-
monial en passant devant une Forteresse du Czar, & ils recevront les
mêmes honneurs. En cas que les Vaisseaux des deux nations se rencontrent
en mer, ou en quelque Port, &c. ils
se salueront les uns les autres de la
salve ordinaire, & de la même maniere que cela se pratique en pareil
cas entre la Suede & le Dannemarc.
T. de Neuf. art. 19.

Les Contractans ne défrayeront plus les Miniftres qu'ils s'envoyent réciproquement. *T. de Neuf. art.* 20.

SUEDE.

Il fera payé à la Suede de la part de la Maifon de Hanover, un million de Rifchdalles. *T. de Stok. art.* 8. de la part du Roi de Pruffe, deux millions de Rifchdalles. *T. de Stok. article* 18. de la part du Dannemarc, 600. mille Rifchdalles. *T. de Stok. art.* 10. de la part de la Ruffie, deux millions d'Ecus. *T. de Neuf. art.* 5. rien n'eft plus propre que ces articles à faire connoître l'état miferable des Finances de la Suede quand elle fit la Paix.

Les Sujets de la Couronne de Suede qui commerceront dans les Etats du Roy de Pruffe, y feront traités comme la nation la plus favorifée. *T. de Stok. article* 12.

La Couronne de Suede aura le privilege d'acheter tous les ans à Riga, à Revel ou à Arenbourg pour cinquante mille Roubles de grains, à moins que la recolte ne manque en Livonie, & qu'il n'y ait une deffense générale d'en laisser sortir des grains. L'achat des Suédois sera transporté dans leur pays, & ne payera aucun impôt en sortant. *T. de Neuf. art. 6.*

La Russie cede à perpetuité au Roi & au Royaume de Suede, la partie du Fief de Kexholm qui est au couchant de la ligne qui doit servir de limite aux deux Puissances *T. de Neuf. art. 8.*

MAISON DE HOLSTEIN.

On a vu que les intérêts de la Maison de Holstein avoient été sacrifiés dans le Traité de Stokolm du 14 Juin 1720. mais la Cour de Petersbourg lui étoit liée trop étroitement, pour que les arrangemens que la Suede & le Dannemarc avoient pris, fussent regardés comme des dispositions irrévocables. Le Czar Pierre ne cessa point d'appuyer les plaintes, les demandes & les remontrances de son gendre ; il reprocha fortement aux

Anglois d'avoir garanti le Slefwick
à la Cour de Coppenhague, après
s'être rendu garants, avec les Hollandois, des Traités d'Altena & de Travendaal par une convention paffée à
la Haye le 15 Mars 1703. Mais ne
pouvant fe flater d'aucun fuccès par
cette conduite, il entama une négociation particuliere avec le Roi de
Suede. Ces deux Princes conclurent
à Stokholm le 22 Fevrier 1724. un
Traité d'alliance défenfive pour douze ans. Ils convinrent par le fecond
article feparé d'employer leurs bons
offices pour faire reftituer le Duché
de Slefwick au Duc de Holftein. Si
cette voie ne réuffit pas, ils délibe-
reront confidamment entr'eux, & avec
d'autres Puiffances garants des Traités
d'Altena & de Travendaal, mais particulierement avec l'Empereur, fur le
parti qu'on peut prendre au fujet du
Slefwick, & pour terminer une affaire
qui peut exciter des troubles infinis
dans le Nord.

L'Empereur acceda d'abord à ce
Traité par un Acte figné à Vienne le

26 Avril 1726. mais quelques mois après (le 6 Août) il prit par l'Alliance de Peterſbourg, des engagemens encore plus formels & plus forts en faveur du Duc de Holſtein. Il promet de remplir toutes les conditions auſquelles il a ſouſcrit comme garant du Traité de Travendaal. *T. de Peterſ-bourg du 6 Août 1726. art.* 12.

Le 10 Août de la même année les Miniſtres du Roi de Pruſſe ſignerent à Peterſbourg un Traité d'Alliance défenſive avec l'Imperatrice de Ruſſie. Ce Prince promettoit ſes bons offices à la Maiſon de Holſtein, & s'engageoit à ne point ſe déclarer en faveur du Dannemarc, ſi on prenoit les armes au ſujet du Duché de Sleſwick. *T. de Peterſbourg du 10 Août 1726. art. ſecret.*

La Guerre auroit été inévitable, ſi la veuve de Pierre le Grand ne fût morte au commencement de 1727. Son Succeſſeur monta ſur le Trône à l'âge de 12 ans, & il n'étoit pas naturel que ce Prince embraſsât avec la même chaleur les intérêts de la Maifon de Holftein ; auffi les Miniftres qui compofoient fon Confeil de Regence, laifferent-ils tomber prefqu'entierement les négociations de la feüe Imperatrice. Les chofes changerent encore de face en 1730. par la mort du jeune Czar Pierre II. L'avenement d'Anne Iwanowna, Ducheffe Doüairiere de Curlande, au Trône de Ruffie, diffipa les efperances du Duc de Holftein & les craintes du Dannemarc.

Cette Princeffe, comme perfonne ne l'ignore, étoit fille du Czar Jean frere aîné de Pierre I. & dès-lors on fent que par rapport aux intérêts du Duc de Holftein, elle devoit fe conduire par des principes de politique tout oppofés à ceux des derniers Regnes. Le Dannemarc profita de cette difpofition favorable. On négocia, & le 26 May 1732. les Miniftres de l'Empereur, de la Ruffie & du Dannemarc conclurent à Coppenhague un Traité d'alliance & de garantie.

Pour terminer les differends du Roi de Dannemarc & du Duc de Holftein au fujet du Slefwick, & prévenir

venir les troubles du Nord & de la Baſſe-Saxe, Sa Majeſté Danoiſe s'engage à payer au Duc de Holſtein un million de Riſchdalles, dès que ce Duc lui aura délivré une renonciation à toutes les prétentions qu'il peut former ſur le Duché de Sleſwick. L'Empereur & la Czarine promettent de leur côté de tout employer pour porter le Duc de Holſtein à accepter cette condition. Mais ils déclarent en même temps qu'ils lui fixeront un terme peremptoire de 2 ans, à compter du jour de la ratification du Traité, pour recevoir la ſomme promiſe par le Dannemarc. Si le Duc de Holſtein refuſe l'offre qu'on lui fait, le Roi de Dannemarc ne ſera plus tenu à rien, & ſera à couvert de toutes les prétentions qu'on peut former ſur lui. L'Empereur & la Czarine déclarent encore que dans ce cas ils ne ſe croyent plus liés par les engagemens anterieurs qu'ils ont pris en faveur du Duc de Holſtein. *T. de Coppenhague du* 26 *Mai* 1732. *art. ſeparés* 1. *&* 2.

Tome II. M

La Maifon de Holftein rejetta les offres du Dannemarc. Perfuadée qu'on n'avoit pu la dépoüiller fans fon confentement, elle ne voulut point faire un trafic mercenaire de fes droits, & prit le parti d'attendre des circonftances plus favorables pour les faire valoir. Ces circonftances font arrivées. L'Imperatrice regnante de Ruffie n'a point d'autre heritier que le jeune Duc de Holftein, fils de fa fœur aînée, & elle l'a même fait déja reconnoître pour fon fucceffeur. Telle eft la fituation prefente des Princes de Holftein Gottorp relativement au Dannemarc. Il y a depuis quelque temps une negociation entamée à Peterfbourg pour terminer leurs differends ; mais elle marche lentement, & il n'eft pas poffible de prevoir qu'elle en fera l'iffue.

GARANTIES.

Par un Acte paffé à Stokholm le 14 Juin, & rectifié à Paris le 18 Août 1720. le Roi de France garantit au

Roi de Dannemarc la poffeffion du Duché de Slefwick. L'Angleterre donne la même garantie au Dannemarc par un Acte figné à Frederichsbourg le 3 Août 1720.

Par le Traité d'Amfterdam du 4 Août 1717. la France garantit d'avance à la Pruffe & à la Ruffie, les Traités de paix qu'elles conclueront avec la Suede.

L'Empereur Charles VI. accede au Traité de Neuftadt, & promet à la Ruffie d'en défendre toutes les difpofitions. *T. de Peterfbourg du 6 Août 1726. entre la Maifon d'Autriche & l'Imperatrice de Ruffie, art.* 2.

CHAPITRE IX.

Paix de Vienne.

I. L'Europe toujours agitée dans le Midi & dans le Nord, depuis les Traités d'Utrecht & de Neuftadt, & toujours menacée de quelque orage, voyoit à peine fon repos affermi.

lorfque Augufte Roi de Pologne ,
mourut le 1 Fevrier 1733. Il étoit
de l'honneur du Roi de France d'employer fes bons offices & fon crédit ,
pour faire remonter fur le Trône le
Roi Staniflas fon beau - pere. Les
Polonois qui connoiffoient les qualités perfonnelles de ce Prince & fes
droits , y concoururent d'autant plus
volontiers , qu'ils penfoient que leur
liberté & leurs priviléges feroient en
fûreté fous un Roi qui ne poffede aucun Domaine hors de chez eux. Le
Regne d'Augufte II. avoit toujours
été troublé par des partis ; on l'accu-
foit d'avoir violé les *Patta Conventa;*
on le foupçonnoit d'avoir fongé à
rendre fa Couronne héréditaire , &
on ne vouloit point la mettre fur la
tête de fon fils qu'on regardoit comme
l'héritier de fes projets & de fes vuës ;
d'autres motifs pouvoient encore con-
tribuer à la préférence que la Nation
Polonoife donnoit au Roi Staniflas.
Le devoüement de la Maifon de Saxe
pour la Cour de Peterfbourg , laiffoit
à la Ruffie trop d'influence dans les

affaires des Polonois , & cimentoit à leurs dépens l'empire que cette Puiffance affecte dans le Nord. L'élection de Staniflas affuroit à la Pologne l'amitié de la France , & cette Alliance la mettoit au contraire en état de n'obéïr qu'à fes Loix & de fe faire refpecter de fes voifins.

Plus Staniflas étoit agréable à fa Nation, plus la Cour de Peterfbourg, qui craignoit fon élévation , fe prêta aux vuës de la Maifon d'Autriche , & fe hâta de concerter avec elle des mefures efficaces pour porter fur le Trône de Pologne un Candidat qui ne leur fut pas fufpect. L'Empereur Charles VI. avoit jetté les yeux fur l'Electeur de Saxe, il lui promit d'aider fon parti de toutes fes forces , s'il levoit les oppofitions que fon Pere avoit faites à la Pragmatique Sanction, & s'il confentoit à la garantir en renonçant une feconde fois à tous fes droits. La négociation ne fut pas longue , & ce Prince foufcrivit à tout ce que l'on exigeoit de lui. Je palfe rapidement fur les détails de cette affaire ; tout le monde fe rappelle qu'il y eut une double Election en Pologne ; l'Empereur & la Czarine y avoient fait entrer leurs troupes pour appuyer les prétentions de l'Electeur de Saxe, & la France fe hâta d'armer pour foufoutenir les droits du Roi Staniflas.

L'Efpagne qui avoit éprouvé mille chicanes de la part de la Cour de Vienne, depuis que Don Carlos étoit établi en Italie, faifit pour éclater cette occafion qu'elle attendoit. Le Roi de Sardaigne qui doit tout fon agrandiffement aux querelles de la France & de la Maifon d'Autriche, ne balança pas à fe déclarer, & ce fut contre l'Empereur, qui de fon côté détermina l'Empire à deffendre fes droits.

Cette Guerre n'eut pas le temps de s'aigrir ; la France ne put ébranler aucune puiffance du Nord en fa faveur ; ce qui lui fit juger qu'il faudroit bien-tôt fe prêter à quelque accommodement du côté de la Pologne. Il eft vrai que les Tartares, Sujets de la Porte, firent des courfes dans l'U-

kraine & enleverent quelque butin de
cette Province ; mais la Cour de Ruffie diffimula prudemment l'injure, &
remit à en demander reparation au
moment qu'elle pourroit fans obftacle
menacer la Porte de toutes fes forces.

Tandis que la Czarine faifoit la loi
aux Polonois, l'Empereur fon Allié
étoit accablé fous les forces réünies
de fes ennemis. Obligé de tenir fur le
Rhin fes principales forces qui n'a-
voient pu fermer l'entrée de l'Empire
aux François, la Campagne de 1734.
lui avoit enlevé toute l'Italie à l'exception de Mantoüe. Ce Prince
n'avoit aucun fecours à efperer des
Provinces-Unies qui avoient declaré
qu'elles ne fe mêleroient point de fa
querelle, & le Miniftere d'Angleterre vouloit entretenir la Paix : ainfi
le feu de la Guerre, faute d'alimens,
devoit bien-tôt s'éteindre.

Dans ces circonftances les Puiffances maritimes offrirent leur médiation, & propoferent même un projet
de Traité. Le Roi Staniflas devoit ab-
diquer, fuivant leur plan, & confer-

ver néanmoins le titre de Roi de Pologne & de Grand Duc de Lithuanie
avec les honneurs attachés à ce rang.
Il étoil réglé que l'armée Ruffienne
évacueroit la Pologne, & que le Roi
Augufte III. en montant fur le Trône, feroit publier une Amniftie générale, & rétabliroit chaque Province
& chaque Ville dans la joüiffance de
fes Priviléges. L'Empereur cédoit le
Royaume des deux Siciles à D. Carlos, en échange des Duchés de Parme & de Plaifance, & de fes droits
d'expectative fur la Tofcane. On
abandonnoit au Roi de Sardaigne le
Tortonnois & le Novarois. La France devoit reftituer tout ce dont elle
s'étoit emparée fur l'Empire ou fur la
Maifon d'Autriche, & garantir la Pragmatique Sanction.

La partialité des Médiateurs étoit
fenfible. C'eft ce qui faifant efperer au
Confeil de l'Empereur de les porter
à fe déclarer contre la France, le tint
d'abord éloigné de la paix. Cependant fes tentatives furent inutiles, &
la Cour de Verfailles bien loin de fe
prévaloir

prévaloir de fon embarras, n'en profita que pour jetter en avant quelques propofitions d'accommodement. Plus fes demandes étoient moderées, moins la Cour de Vienne pouvoit fe flatter de trouver des Alliés après les avoir rejettées. La négociation fut noüée, & l'on figna à Vienne le 3. Octobre 1735 les articles préliminaires de la Paix. Cette ébauche de Traité, approuvée par la Czarine & la Cour de Drefde, fut portée à la Diéte générale de l'Empire, qui, le 18. May 1736. donna à l'Empereur la faculté de conclure des articles définitifs au nom de tout le Corps Germanique. L'Efpagne accéda auffi aux articles préliminaires le 15. Avril 1736, le Roi des deux Siciles le 1. May, le Roi de Sardaigne le 6. Août de la même année, & la France fe chargea de leurs intérêts pendant le refte de la négociation.

Le Traité définitif de Paix ne fut conclu à Vienne que le 18. Novembre 1738, après différentes conventions fignées encore le 11. Avril & le 28. Août 1736. Le Roi de Sardaigne donna son accession au huitiéme article de ce Traité le 3. Fevrier 1739. Les Cours de Madrid & de Naples n'accéderent aussi le 21. Avril de la même année, qu'à la partie du Traité de Vienne, qui régle leurs intérêts relativement à l'Empereur & au Duc de Lorraine.

II. La Pragmatique Sanction forme un objet trop considérable dans la pacification dont je vais rendre compte, & même dans le Droit public de l'Europe, pour n'en pas parler dans cet Ouvrage; quoique depuis plusieurs années on soit innondé de Manifestes & d'Ecrits sur cette matiere.

J'ai fait voir dans quelques Chapitres précédens comment c'étoit formé le système de l'équilibre, & que la plûpart des politiques étoient follement persuadés que pour le soutenir il falloit empêcher la Maison de Bourbon de s'agrandir, & la Maison d'Autriche de perdre aucun de ses Domaines. Ces idées fermentoient dans tous les esprits à la fin de la guerre de 1701, & l'Empereur Charles VI. songea à en tirer le parti le plus avantageux pour fa Maifon. Sçachant que tous les Etats qu'il poffédoit, feroient divifés, fi lui, ou quelqu'un de fes Succeffeurs venoit à manquer d'hoirs mâles, & que plufieurs Princes en revendique-roient les parties les plus confidéra-bles ; il imagina de porter une loi pour affurer leur indivifibilité. Cette démarche auroit dû être précédée de quelques négociations avec les Prin-ces qui ont des droits fur la fucceffion Autrichienne ; la juftice, la raifon, l'intérêt même, tout en faifoit une loi ; mais la Cour de Vienne entrevit trop de difficultés dans cette maniere de procéder. Elle crut qu'il étoit plus court de fruftrer de leurs droits tous les Princes qui devoient hériter de la Maifon d'Autriche, au cas qu'elle man-quât d'héritiers mâles. Cette voye lui parut d'autant plus fimple, qu'elle fe flatta d'engager, fans beaucoup de peine, plufieurs Puiffances à entrer dans fon projet, & à en garantir l'exé-cution.

Charles VI. ordonna donc à tous

ses Conseillers d'Etat privés , qui étoient à Vienne , de s'assembler le 19. Avril 1713 , dans la Salle du Conseil. Ce Prince s'y rendit , & après avoir fait lire par le Comte de Seilern , son Chancelier , le Pacte de Famille qu'il avoit passé le 12. Septembre 1703 , avec l'Empereur Léopold & Joseph Roi des Romains ; il ajoûta que c'étoit en vertu de ce Reglement de succession que ,, la mort

,, de l'Empereur Joseph , arrivée sans
,, qu'il eût laissé d'héritiers mâles , le
,, mettoit en possession de tous les
,, Royaumes & pays héréditaires qui
,, lui avoient appartenu , lesquels de-
,, voient demeurer en entier , sans
,, division quelconque , selon le droit
,, de primogeniture , à ses héritiers
,, mâles issus de légitime mariage , tant
,, qu'il y en auroit en vie ; mais qu'au
,, défaut de postérité masculine de sa
,, part , ils reviendroient de la même
,, maniere à ses filles nées de légitime
,, mariage , toujours selon l'ordre &
,, droit de primogéniture.
,, Qu'en outre , au défaut de tous

,, descendans légitimes , tant mâles
,, que femelles , de la part de Sa Ma-
,, jesté Impériale , ledit droit de suc-
,, cession indivisible à tous lesdits
,, Royaumes & Pays héréditaires ,
,, passeroit de la façon ci - dessus ,
,, toujours en gardant l'ordre de
,, primogéniture , aux filles de l'Em-
,, pereurJoseph, & à leurs descendans
,, légitimes ; & que pareillement les-
,, dites Dames & Archiduchesses
,, joüiroient de tous les autres privi-
,, leges & prérogatives , selon ledit
,, droit & ordre de succession.

,, Le tout , bien entendu qu'après
,, la Branche Caroline aujourd'hui
,, regnante , & après la Branche Jo-
,, sephine des filles que l'Empereur
,, Joseph a laissées après lui , lesdits
,, droits de succession avec tout ce
,, qui en dépend , appartiendront ,
,, demeureront , & seront réservés de
,, toute façon aux sœurs de Sa Ma-
,, jesté Impériale , & à toutes les au-
,, tres lignes de la Maison Archidu-
,, cale , selon le droit de primogéni-
,, ture , dans le rang & ordre qu'il en
,, résultera.   N 3

Il fut peu queſtion en Europe de cette loi domeſtique ſur la ſucceſſion Autrichienne, juſqu'en 1724. que Charles VI. la fit publier dans toutes les terres de ſa domination. Dès-lors quelques Princes commencerent à murmurer; mais les plaintes éclaterent de tout côté, quand il parut comme décidé, que l'Empereur ne laiſſeroit point d'Archiduc qui lui ſuccédât. La Cour de Vienne ne fut point intimidée par cet orage qu'elle avoit prévu, elle alla en avant; & tour à tour ſe conduiſant avec hauteur & avec ſoupleſſe, elle n'employa tout ſon crédit & toute ſa politique qu'à chercher des Protecteurs & des Garants à ſa Pragmatique Sanction.

Il faut brûler tous les monumens publics & tous les titres des Nations, ou convenir que l'Empereur Charles VI. qui n'étoit que l'uſufruitier de ſes Domaines, n'a pas été le maître d'en diſpoſer. On a vu dans les Ecrits publiés par l'Eſpagne depuis que la guerre eſt allumée, qu'en 1521. Charles-Quint donna à ſon frere Fer-

dinand toutes les Provinces qui pro‑
venoient de la succession de Maximi‑
lien I. leur ayeul, mais qu'il ne se
dépoüilla de son patrimoine qu'avec
clause de réversion à ses descendans
mâles ou femelles, au défaut d'hoirs
mâles dans la postérité de Ferdinand I.
Comment donc Charles VI. peut-il
regler à son gré la succession de l'Au‑
triche, de la Carinthie, de la Car‑
niole, de la Stirie, du Tirol, & de
quelques autres Provinces ?

Les enfans mâles de l'Empereur
Maximilien II. ne pouvant point avoir
de postérité, il fut décidé entre les
Princes de la Maison d'Autriche, que
les Royaumes de Boheme & de Hon‑
grie avec leurs dépendances, appar‑
tiendroient à Philippe III. Roi d'Es‑
pagne, par sa mere Anne d'Autriche,
fille aînée de l'Empereur Maximilien
II. Cependant ce Prince, pour ne
point affoiblir la branche cadette de
sa Maison, consentit en 1617. à céder
ses droits à l'Archiduc Ferdinand,
Duc de Gratz, mais à condition qu'au
défaut d'hoirs mâles dans sa postérité,

N 4

la Boheme & la Hongrie reviendroient à ſes deſcendans mâles ou femelles.

Il n'eſt pas douteux que cette convention ne mît Philippe V. en droit
de revendiquer la Boheme, la Hongrie & les Etats qui en dépendent,
ſi la Maiſon de Baviere n'eût prouvé
d'une maniere invincible que les Etats
ſur leſquels Philippe III. Roi d'Eſpagne & Ferdinand II. avoient tranſigé,
lui étoient dévolus, en conſéquence
d'une ſubſtitution antérieure, établie
par le Teſtament & le Codicile de
Ferdinand I. & par le contrat de mariage de ſa fille aînée avec le Duc de
Baviere.

Il n'en faut pas davantage pour
prouver que la Pragmatique Sanction
eſt par ſa nature même un acte inva-
lide, ſans force, & contraire à la juſtice & au droit des gens. Je m'arrête-
rois à faire connoître avec quelque
détail les titres dont je viens de parler,
& ceux ſur leſquels le Roi de Pruſſe
établit les demandes qu'il a faites à
l'héritiere de Charles VI. ſi la juſtice

pouvoit faire entendre sa voix au milieu du bruit des armes dont l'Europe
retentit, ou si ces titres devoient par
la suite avoir quelque influence dans
les affaires publiques de l'Europe; mais
il n'est pas douteux qu'ils ne perdent
leur force par les renonciations & les
transactions qui feront partie des Traités de paix qui doivent terminer la
guerre présente.

On peut demander actuellement ce
que deviennent les garanties que la
Cour de Vienne a exigées de plusieurs Puissances; il est aisé de répondre à cette question. Dès que Charles VI. n'a pas été le maître d'établir
un nouvel ordre de succession dans sa
Maison, aucun Prince n'a pu le garantir, & tous les actes faits à cette fin
deviennent nuls, par le défaut même
de validité qui se rencontre dans la
Pragmatique Sanction. La défendre,
c'est s'associer à l'injustice qu'elle établit; & comme la Reine de Hongrie
doit en abandonner les dispositions,
les Garants sont obligés de ne les pas
proteger. Ces principes sont évidens;

je crois même qu'il ne fe trouvera
perfonne affez peu verfé dans la connoiffance du droit des gens, pour nier
que les Princes qui fe font rendu garants de la Pragmatique Sanction, ne
puiffent appuyer le droit des ennemis
de la Cour de Vienne, fi elle ne leur
rend pas juftice.

J'ai entendu faire fur ce fujet un
raifonnement qui mérite d'être réfuté.
Il faut convenir, dit-on, qu'il n'eft
pas permis aux Garants de la Pragmatique Sanction de donner des fecours à l'héritiere de Charles V I.
pour repouffer un agreffeur légitime,
parcequ'on ne peut jamais s'engager
à défendre une caufe injufte; mais il
ne leur eft pas libre auffi de prêter
leurs forces aux ennemis de cette Princeffe, parcequ'on n'eft point obligé
de s'affocier à une querelle fondée fur
la juftice; qu'on peut prendre des engagemens de neutralité à cet égard;
& que les actes de garantie accordés
à la Cour de Vienne, renferment taci-
tement & équivalamment la promeffe
de ne point aider fes ennemis, dans

le cas qu'on ne puiffe avec juftice leur faire la guerre.

Je réponds que dès qu'un engage-ment eft nul, parcequ'on n'a pu le contracter, il doit être regardé com-me non avenu. D'ailleurs qu'on fe rappelle ce que j'ai dit plus haut en parlant des conditions fous-entenduës & préfumées d'un Traité. Je puis après cela demander par quel privilége, dans l'affaire dont il s'agit, des claufes tacites feroient préfervées du nau-frage, tandis que les conditions le plus exactement exprimées ne fubfif-tent plus ? On fent combien il feroit malheureux pour la fociété générale qu'en garantiffant à un Prince la pof-feffion d'un Pays qu'il poffede injufte-ment, ou fur lequel il n'a que des pré-tentions mal fondées, on fe liât les mains de façon qu'on ne put protéger les droits de fon Compétiteur. De pareils principes ne feroient des Trai-tés que des complots de brigands.

On me dira fans doute qu'avant de figner une garantie, il faut examiner foigneufement fi on peut la donner

avec juſtice. Je conviens qu'il feroit
à ſouhaiter qu'on ſe comportât toujours ainſi ; mais on doit avoüer que
c'eſt ſouvent une choſe impraticable.
Pour ne pas ſortir de ce qui regarde
la Pragmatique Sanction Autrichienne, comment vouloit-on que les Etats
qui l'ont garantie fiſſent cet examen ?
pouvoit-on avoir entre les mains toutes les piéces néceſſaires à l'inſtruc-
tion de ce Procès ? La Cour de Vienne
bien loin de les communiquer, devoit
les ſupprimer ; & il étoit de l'intérêt
de pluſieurs Princes qui avoient des
droits ſur la Succeſſion de l'Empereur
Charles VI. de ne produire leurs
titres que dans le moment qu'il faudroit
les faire valoir.

Puiſque l'occaſion s'en préſente,
je remarquerai l'abus qui, depuis le
commencement de ce fiecle, s'eſt
gliſſé dans l'uſage des garanties. Tant
qu'on s'eſt contenté de ne les employer que pour affermir des conventions contractées avec connoiſſance
de cauſe, & qui ont pour baſe un
Traité ſolemnel entre toutes les par-

ties intereffées, rien ne pouvoit être plus utile à la fociété générale. Ces Actes de garantie confolidoient les engagemens, parce qu'aucune Puiffance ne pouvoit protefter contre, & qu'ils ne nuifoient point au droit d'un tiers. Il falloit s'en tenir là. En voulant garantir des conventions où toutes les parties intereffées n'étoient pas intervenuës, comment n'a-t'on pas fenti que l'on contractoit invalidement?

Les garanties de cette derniere efpece devroient-être bannies des négociations. Qu'on me permette de le dire, elles introduiront dans l'Europe une maxime ruineufe d'y traiter les affaires. On n'en finira aucune; on ne remontera jamais à la fource du mal, & laiffant fermenter un levain dangereux, les palliatifs qu'on appliquera, fe changeront en poifons. Pour tout dire en un mot, c'eft l'indifference pour le jufte ou l'injufte, la pareffe, le défaut de vuës & de fermeté qui ont accredité la nouvelle poiitique que je condamne; qu'on juge par-là des maux qu'elle doit produire.

III. Les perſonnes inſtruites des fondemens ſur leſquels eſt appuyée la liberté Germanique, & des dangers qu'elle a courus ſous la domination de la Maiſon d'Autriche, ſont ſurpriſes avec raiſon que l'Empire n'ait pas fait les plus fortes oppoſitions à la Pragmatique Sanction, & ſecondé même les démarches du feu Empereur Charles VII. En effet les Princes d'Allemagne verroient beaucoup augmenter leur pouvoir & leur credit, ſi l'Empereur aſſez puiſſant pour ſoutenir l'éclat de ſa dignité, n'étoit cependant ni aſſez riche pour corrompre les Diétes, ni aſſez fort pour les intimider.

Je ne vois que la Maiſon de Brunſwick qui puiſſe avoir un intérêt different. L'Electeur de Hanover, comme Roi d'Angleterre, eſt ſûr des complaiſances de la Cour de Vienne ; bien loin d'en craindre la puiſſance préponderante, il la regarde au contraire comme un moyen infaillible de s'agrandir, parce qu'il la partage. C'eſt à étendre ſes anciens Domaines que viſe la Maiſon de Hanover ; &

cette politique eſt d'autant plus ſage que c'eſt la ſeule qu'elle peut employer avec ſuccès pour s'affermir en Angle-terre, & y acquerir enfin le dégré d'autorité auquel ne parviendra jamais un Roi qui ne poſſederoit point d'E-tats étrangers.

Comment quelques Puiſſances ſe font-elles perſuadées que l'équilibre de l'Europe ſeroit ruiné, ſi la Maiſon d'Autriche perdoit quelques-uns de ſes Domaines ? Elles ſacrifient à ce péril imaginaire leur repos & leurs richeſſes. Je crains bien que les enne-mis de la France ne faſſent encore dans cette Guerre les mêmes fautes que je leur ai reprochées en parlant de celle de 1701.

FRANCE.

Les Traités de Weſtphalie, Ni-mégue, Ryſwick, Bade & de la Qua-druple Alliance ſubſiſteront dans toute leur force, excepté les articles auf-quels il ſera dérogé par cette pacifi-cation. *T. de Vienne, art. 3.*

Le Roi Stanislas abdiquera la Couronne de Pologne, & en conservera cependant les titres & les honneurs. On lui restituera ses biens & ceux de la Reine sa femme. La Czarine & le Roi de Pologne, Electeur de Saxe, seront parties contractantes dans ce chef. *Préliminaires de 1735. art. 1. & article separé.* Ces Préliminaires de même que les Conventions du 11 Avril & du 28 Août 1736. font partie du quatriéme article du Traité de Vienne. *T. de Vien. art. 6. Acte d'abdication du Roi Stanislas, signé à Konisberg le 27 Janvier 1736. Actes passés à Vienne le 23 Novembre 1736. par la Czarine & le Roi Auguste III. de Pologne pour la reconnoissance des droits & des titres du Roi Stanislas, & par la France pour la reconnoissance du Roi Auguste.* Toutes ces piéces font partie du sixiéme article du Traité de Vienne.

L'Empereur, dérogeant au premier article des Préliminaires de 1735. par lequel le Roi Stanislas ne devoit être mis en possession que du Duché de de Bar, en ayant une expectative fur la Lorraine, confent que ce Prince entre auffi en poffeffion de ce dernier Duché & de fes dépendances, excepté le Comté de Falckenftein, fans attendre que le Duc de Lorraine entre en poffeffion du Duché de Tofcanne. *Convention du* 11 *Avril* 1736. *art. féparés* 1. & 2. *Convention du* 28 *Août* 1736. *art.* 2. *Traité de Vienne, art.* 9.

Après la mort de Staniflas I. Roi de Pologne, Duc de Lorraine, les Duchés de Lorraine & de Bar feront réunis pour toujours à la Couronne de France qui renonce à l'ufage de la voix & de la feance dans les Diétes de l'Empire. *Préliminaires de* 1735. *art.* 1. *Convention du* 28 *Août art.* 2. *T. de Vienne. art.* 9. *Acte du Duc de Lorraine pour la Ceffion de fes Etats,* il fait partie du neuviéme article du Traité de Vienne.

Les Duchés de Lorraine & de Bar demeureront fous ce nom. Le Roi de France promet d'en former un Gouvernement particulier dont il ne fera

Tome II.   O

jamais rien demembré pour être uni
à d'autres Gouvernemens. *Convention
du* 28 *Août art.* 13. *T. de Vienne*,
art. 9.

L'EMPEREUR. L'EMPIRE.

La France garantit la Pragmatique
Sanction. *Préliminaires art.* 6. *T. de
Vienne*, *art.* 10. On a vu dans l'article des Négociations relatives à la
Paix d'Utrecht, que le Roi d'Espagne
garantit en 1725. la Pragmatique
Sanction. Il est surprenant que la Cour
de Vienne ait laissé annuller cet Acte,
en négligeant de le rappeller parmi
les autres Traités qui sont remis en
vigueur. C'est un principe reçu dans
toute l'Europe, qu'une declaration
de Guerre entre deux Puissances,
détruit tous leurs engagemens, &
qu'ils restent sans force, à moins qu'on
ne la leur rende à la Paix par une
clause expresse. La Reine de Hongrie
s'est plainte amerement dans une foule
d'écrits, des secours que la France a
donnés à la Maison de Baviere, pour

faire valoir fes droits après la mort de l'Empereur Charles VI. cette conduite n'a rien cependant que de jufte & de légitime ; les réflexions que j'ai mifes à la tête de ce Chapitre doivent en convaincre le Lecteur même le plus partial & le plus prévenu.

Le Roi d'Efpagne & le Roi des deux Siciles cédent à l'Empereur les Duchés de Parme & de Plaifance pour en joüir lui & fes héritiers felon l'ordre de fucceffion établi dans la Maifon d'Autriche. *Traité de Vienne , art.* 7. *Diplome du Roi d'Efpagne en datte du* 2. *Novembre* 1736. *pour la ceffion des Duchés de Parme & de Plaifance à l'Empereur. Diplome du Roi des deux Siciles fur le même fujet , en datte du* 1. *May* 1736. Ces deux Actes font partie du feptiéme article du Traité de Vienne.

Tous les Forts conftruits fur l'une & l'autre rive du Rhin, contre la teneur des précédens Traités de paix , & particulierement des articles 22. 23. & 24. de Ryfwick , feront détruits de même que les Ponts élevés fur ce Fleuve. *T. de Vienne*, *art.* 12.

Le commerce fera rétabli entre les Sujets du Roi de France & de l'Empire, conformément aux anciens ufages & aux priviléges accordés par les Traités antérieurs. *Traité de Vienne*, *art.* 17.

PRINCES D'ITALIE.

L'Empereur ne pourfuivra point la Defincameration de Caftro & de Ronfiglione. *Préliminaires*, *art. 5. T. de Vienne*, *art. 5.* Voyez dans le Troifiéme Chapitre de cet Ouvrage l'extrait du Traité de Pife.

Les Royaumes de Naples & de Sicile font donnés à Don Carlos, Infant d'Efpagne, &c. pour en joüir lui & fes héritiers mâles & femelles. On y joindra les Places que l'Empereur occupe fur la côte de Tofcane, & les Terres que le Roi d'Efpagne poffédoit dans l'Ifle d'Elbe en 1718, lorfque le Traité de la Quadruple-Alliance fut figné. Au défaut de la Poftérité de Don Carlos, ces deux Royaumes &c. passeront au second fils, ou autres fils puînés ou à naître de la Reine d'Espagne Elisabeth Farnese, ou à leurs représentans & ayans cause. *Préliminaires, art. 3. T. de Vien. art. 7. Diplome de l'Empereur en datte du 11. Decembre 1736, pour la cession du Royaume des deux Siciles & des Ports de la côte de Toscane à D. Carlos.* Cet Acte fait partie du septiéme article du Traité de Vienne.

Conformément à l'article 32. du Traité de Bade, l'Empereur rendra justice à la Maison de Guastalla, au sujet de ses prétentions sur le Duché de Mantoüe. *Préliminaires, art. 2.*

SARDAIGNE.

L'Empereur céde au Roi de Sardaigne, à ses hoirs, & même à ses héritiers, Princes d'une Branche collaterale de sa Maison, le Novarois, le Tortonois & les quatre terres de San-Fidele, Torre-di-Forti, Gravedo & Campo-Maggiore. Ce Prince les pos-

sedera comme Fiefs de l'Empire, &
sera le maître d'y fortifier les Places
qu'il jugera à propos. *Préliminaires,
art. 4. T. de Vien. art. 8. Diplome
de l'Empereur en datte du 6. Juin
1736, pour la cession du Novarois, du
Tortonois, &c. au Roi de Sardaigne.*
Cet Acte fait partie du huitiéme article du Traité de Vienne.

   L'Empereur accorde au Roi de
Sardaigne & à ses héritiers la supério-
rité territoriale des terres appellées
vulgairement les Langhes, ils les posséderont comme un arriere-Fief de l'Empire. *Préliminaires, art. 4. Traité de
Vienne, art. 8. Mandement de l'Empereur en datte du 7. Juillet 1736, aux
Vassaux & Sujets des Fiefs des Langhes.* Cet Acte fait partie du huitiéme
article du Traité de Vienne. On ne
rapporte point ici la liste des terres
Imperiales des Langhes; ce détail est
superflu, en cas de besoin on peut
avoir recours aux articles 4. ou 8. du
Traité de Vienne.

POLOGNE.

L'Electeur de Saxe, Augufte III. fera reconnu pour Roi de Pologne, Grand Duc de Lithuanie, &c. *Préliminaires, art.* 1. *T. de Vien. art. 6.*

Les Provinces & Villes de Pologne feront confervées dans la joüiffance de tous leurs droits. L'Empereur, le Roi de France, la Czarine, & l'Electeur de Saxe garantiront pour toujours les libertés, droits, priviléges, &c. de la nation Polonoife, & particulierement la libre élection de fon Roi. *Préliminaires, art.* 1. *T. de Vien. art. 6. Acte d'acceffion de la Ruffie aux Préliminaires de* 1735. *Acte d'acceffion du Roi de Pologne Augufte III. aux mêmes Préliminaires.* Ces Actes en datte du 15. May 1736, font partie du fixiéme article du Traité de Vienne. On convint particulierement de cette condition, pour fatisfaire aux engagemens que la Couronne de France avoit pris avec la République de Pologne par le Traité de Verfailles.

du 18. Septembre 1735, il y eſt dit ;
(art. 2.) que la France ne ſe prêtera
à aucune propoſition de paix que la
liberté des Polonois ne ſoit reconnue
par toutes les Puiſſances Belligeran-
tes. Par l'article ſuivant, le Roi Très-
Chrétien déclare qu'en tout temps
il embraſſera la défenſe de la République de Pologne , ſuppoſé qu'on
veüille contraindre ſa liberté dans l'é-
lection de ſes Rois ; dans ce cas il
s'engage à lui donner tous les ſecours
qu'on peut attendre d'un Allié fidéle ,
& dont on conviendra ſelon l'exigence des conjonctures.

MAISON DE LORRAINE.

Le Roi d'Eſpagne & le Roi des
deux Siciles cédent à François III.
Duc de Lorraine & de Bar, le droit
d'expectative ſur le Grand Duché de
Toſcane. Ce Prince après la mort du
Poſſeſſeur actuel, entrera en poſſeſſion
de cette Principauté, qui paſſera à ſes
héritiers ſelon l'ordre de ſucceſſion
établi à l'égard des Duchés de Lorraine

raine & de Bar. *Préliminaires* , *art.* 2.
Convention du 28. *Août* 1736 , *art.* 5.
T. de Vien. art. 7. *Diplome du Roi
d'Espagne en date du* 2. *Novembre*
1736 , *pour la succession éventuelle du
Grand Duché de Toscane à la Maison
de Lorraine. Diplome du Roi des deux
Siciles en date du* 1. *May* 1736 ,
pour le même sujet.

Le Duc de Lorraine & , dans la
suite , tous ceux qui auroient eu droit
de lui succéder dans les Duchés de
Lorraine & de Bar , conserveront les
Titres & les Armes de ces deux Duchés ; bien entendu que ce privilége
n'infirmera en rien la cession faite au
Roi de Pologne Stanislas I. & à la
France , & que la Maison de Lorraine
n'en inferera aucune prétention , aucun
droit sur son ancien Domaine. *Convention du* 28. *Août* 1736 , *art.* 6.

Le Roi de France se charge des
dettes appellées dettes d'Etat , hypothequées sur les revenus des Duchés
de Lorraine & de Bar. Il s'engage encore à payer régulierement à la Duchesse Douairiere de Lorraine , & à

Tome II.   P.

fes héritiers les rentes qu'elle a fur les Etats cédés. *Convention du 28. Août 1736, art. 8. & 9.* Je ne parle point ici des penfions annuelles que la France devoit payer au Duc de Lorraine, au Prince Charles fon frere, aux Princeffes fes fœurs; ces penfions ont ceffé depuis que le Duc de Lorraine eft en poffeffion de la Tofcane, & qu'il n'eft plus chargé de payer aucune rente à des Princeffes de la Maifon de Médicis.

Livourne demeura toujours port libre & franc, comme il a été reglé par les Traités précédens. *Préliminaires, art. 2.*

GARANTIES.

Je remarquerai fimplement que le Roi de France & l'Empereur garantiffent toutes les difpofitions du Traité de Vienne. A l'égard des autres Puiffances, telles que le Roi d'Efpagne, le Roi des deux Siciles, le Roi de Sardaigne, la Czarine, & la Maifon de Saxe, qui ne font parties contraftan-

tes que dans quelques chefs feulement,
elles garantiffent fimplement ces articles. C'eft ainfi par exemple que les
Cours de Madrid & de Naples ne
donnent à l'Empereur leur garantie
que pour les Duchés de Parme & de
Plaifance, & au Duc de Lorraine que
pour le Grand Duché de Tofcane. La
Czarine & la Maifon de Saxe ne contractent qu'en ce qui concerne la Pologne, & les engagemens de la Cour
de Turin ne font relatifs qu'à fes intérêts.

P 2

CHAPITRE X.

Traités particuliers conclus entre les différentes Puissances de l'Europe, depuis le commencement de ce siécle jusqu'en l'année 1740.

UNIONS. CESSIONS. ACQUISITIONS.

Angleterre. Ecosse.

LEs Royaumes d'Angleterre & d'Ecosse, à commencer le 1. May 1707, ne formeront à perpétuité qu'un seul Royaume sous le nom de Grande Bretagne. *Traité d'Union entre l'Ecosse & l'Angleterre conclu à Londres le 2. Août 1706, art. I.*

Au défaut de postérité de la part de la Reine Anne, la Couronne de la Grande Bretagne appartiendra à Sophie, Electrice & Duchesse Doüairiere de Hanover, & à ses hoirs faisant profession de la Religion Protes-

tante. Les Princes & les Princeſſes
Catholiques, ou mariés à des Catholiques Romains, ſont déchus des droits
que leur naiſſance peut leur donner à
la ſucceſſion de la Couronne Britannique. On les déclare incapables de la
poſſéder, & le Trône appartiendra au
plus proche héritier dans la ligne Proteſtante. *T. d'Union*, *art.* 2.

Le Royaume uni de la Grande
Bretagne n'aura qu'un Parlement, l'E-
coſſe y envoyera, comme ſes repré-
ſentans, ſeize Pairs, & quarante-cinq
Députés; les premiers auront ſéance
& voix dans la Chambre Haute, & les
ſeconds dans la Chambre Baſſe. Les
ſeize Pairs d'Ecoſſe joüiront dans le
Parlement des mêmes Priviléges que
les Pairs d'Angleterre; ils prendront
rang immédiatement après les Anglois
de leur Ordre au tems de l'Union, &
ils précéderont tous les Pairs de la
Grande Bretagne de pareil ordre &
dégré qui pourront être créés après
l'Union. *T. d'Union*, *art.* 3. 22. & 23.

Les Sujets des deux Royaumes
joüiront reſpectivement les uns chez

les autres de tous les droits & avantages qui appartiennent aux Sujets de l'une & de l'autre Couronne. Toutes les Parties du Royaume uni auront les mêmes Priviléges, seront soumises aux mêmes Réglemens de commerce, & tenuës aux mêmes Droits d'entrée & de sortie. Ces Priviléges, Réglemens, Droits d'entrée & de sortie seront ceux qui se trouveront établis en Angleterre au commencement de l'Union. *T. d'Union*, *art.* 4. *& 6.*

Quand le Parlement de la Grande Bretagne ordonnera la levée d'une somme d'un million neuf cents quatre-vingts-dix-sept mille sept cents soixante-trois livres, huit schellins, quatre sols & demi dans le Royaume d'Angleterre pour les subsides de l'Etat, le Royaume d'Ecosse sera chargé d'une somme de quarante-huit mille livres franches & quittes de toute charge. On observera cette proportion toutes les fois qu'il s'agira de lever quelque somme plus ou moins considérable. *T. d'Union*, *art.* 9.

Après l'Union, la monnoye sera

de même titre & valeur dans les deux
Royaumes, & ce titre fera celui qui
eft actuellement reçu en Angleterre.
On fe fervira auffi dans la Grande
Bretagne des mêmes poids & mefures qui font aujourd'hui en ufage dans
d'Angleterre. Le Parlement reftera
cependant le maître de faire fur ces
objets les Réglemens qu'il jugera néceffaires. *T. d'Union*, *art.* 16. & 17.

On ne pourra faire aucun changement aux Loix reçûes en Ecoffe qui
concernent le Droit Particulier, à
moins que ce ne foit pour l'utilité évidente de la Nation. Les Cours de
Juftice établies dans ce Royaume, demeureront dans le même état où elles
fe trouvent à préfent. Elles feront
néanmoins fujettes aux Réglemens
que le Parlement de la Grande Bretagne pourra faire pour rendre plus
facile & plus parfaite l'adminiftration
de la Juftice. Il ne fera pas permis
d'évoquer les Caufes d'Ecoffe, ni de
les renvoyer à la connoiffance des
Cours de la Chancellerie, du Banc
de la Reine, des Plaids communs,

ou de quelque autre Cour à Weſtminſter. *T. d'Union*, art. 18. & 19.

Tous les Ecoſſois qui poſſedent des
Charges ou quelque Juriſdiction héréditaire, ſeront conſervés dans la joüiſ-
ſance de leurs droits. Tous les Pairs
d'Ecoſſe ſeront après l'Union Pairs
de la Grande Bretagne, ils auront
auſſi les mêmes prérogatives que
ceux d'Angleterre, à l'exception de
l'entrée au Parlement. *T. d'Union*,
art. 20. & 23.

Les Loix & les Statuts des deux
Royaumes, en tout ce qu'ils ſeront
contraires aux termes des articles de
l'Union, ceſſeront, ſeront abolis, &
déclarés nuls & abuſifs par les Parlemens reſpectifs des deux Royaumes.
T. d'Union, *art.* 25.

Il ſemble que l'Ecoſſe auroit dû
exiger de meilleures conditions de
l'Angleterre; elle ne traite point en
Puiſſance libre, mais en Province
vaincuë. En renonçant à leur Parlement, c'eſt-à-dire, à leur indépendance, les Ecoſſois auroient dû envoyer un aſſez grand nombre de Dé-

putés au Parlement de la Grande Bretagne, pour contrebalancer l'autorité
des Anglois dont ils font devenus les
Sujets, & conferver une partie réelle
du pouvoir légiflatif.

Les circonftances me permettent
de m'étendre fur cette matiere, & je
ne puis mieux faire que de placer ici
les réflexions d'un Ecoffois qui connoiffoit à fond les intérêts de fon Pays.
„ Quel mal, dit-il, n'a-ce pas été
„ pour notre Patrie, que la Famille
„ Royale de Stuard ait été appellée
„ au Trône d'Angleterre à la mort
„ de la Reine Elifabeth ? Dès-lors il
„ a été facile de prévoir que nous
„ ferions un jour réduits en Province.
„ Cette fortune même en apparence
„ fi brillante pour Jacques VI. eft
„ devenuë la fource de tous les mal-
„ heurs de fa poftérité. Elle regneroit
„ encore avec gloire, fi les Stuard
„ n'euffent regné que fur leurs Com-
„ patriotes : la fidélité des Ecoffois
„ eft connuë, & nos Souverains n'ont
„ jamais été fujets aux mêmes révo-
„ lutions que les Rois d'Angleterre.

„ Parlerai-je, ajoute-t'il, des mo-
„ tifs secrets qui ont porté les An-
„ glois à vouloir l'Union de 1706 ?
„ Leur Nation constamment ennemie
„ de la nôtre, a craint que nous n'ai-
„ daffions nos Rois à la subjuguer, si
„ nous n'étions nous-mêmes affervis.
„ Les Guinées ont fait des traîtres
„ parmi nous, qui n'ont point rougi
„ de vendre leurs Concitoyens, &
„ de les enchaîner; mais comment la
„ Nation ne s'eft-elle point foule-
„ vée? tous les Ordres y étoient éga-
„ lement intéressés par leur avantage
„ particulier.

„ Le Presbiteranisme qui eft notre
„ Religion, n'eft que toléré par le
„ Parlement de la Grande Bretagne.
„ Il en résulte que le Clergé d'E-
„ coffe ne jouït d'aucune considéra-
„ tion, qu'il n'a aucune autorité dans
„ les chofes civiles, & que les gran-
„ des places lui font fermées. Il n'eft
„ pas douteux au contraire, que si
„ l'Ecoffe avoit fon Parlement parti-
„ culier, c'eft-à-dire, un Parlement
„ composé de Membres Presbite-

» riens, il ne joûât un rôle confidé-
» rable. Pourquoi donc ne s'eft-il
» pas fervi de l'empire qu'il a fur les
» efprits pour faire rejetter l'Union ?
» Je ne parle point du rang ni du
» pas que nos Pairs ont cédé indé-
» cemment à ceux d'Angleterre. La
» raifon ne vouloit-elle pas qu'ils
» roulaffent enfemble, fuivant la date
» de leurs titres ? Les nôtres entroient
» tous dans le Parlement de leur Na-
» tion ; aujourd'hui il n'y en a que
» feize d'entr'eux qui ayent place dans
» celui de la Grande Bretagne. N'en
» devons-nous pas conclure que no-
» tre Nation qui ne peut contreba-
» lancer dans le Parlement Britanni-
» que l'autorité des Anglois, eft de-
» venüe leur efclave ? Chacun de nos
» Lords en particulier a vu diminuer
» fon crédit, & fon titre n'eft plus
» qu'une vaine décoration qui ne con-
» duit ni à la confidération ni à la for-
» tune. Les charges d'Ecoffe, foit hé-
» réditaires foit amovibles, qui étoient
» fi avantageufes à leurs poffeffeurs, ne
» produifent plus qu'un très-médiocre

„ revenu fans crédit. Enfin nos Pairs
„ n'ont point été dédommagés des
„ pertes que leur a fait fouffrir l'U-
„ nion ; car la Cour de Londres in-
„ finiment moins intéreffée à ména-
„ ger les efclaves que les Maîtres de
„ la Grande Bretagne , n'éleve que
„ des Anglois aux grands emplois.

„ Le troifiéme Ordre de nos Ci-
„ toyens n'a pas été moins avili par
„ l'Union. On n'y prend plus que
„ quarante - cinq Députés pour le
„ Parlement de la Grande Bretagne,
„ & de quel poids peuvent-ils être
„ dans les délibérations, quand il s'a-
„ git de nos priviléges & de nos li-
„ bertés ?

„ Nous nous fommes laiffé perfua-
„ der que l'Union nous enrichiroit,
„ que nous ferions foumis à des im-
„ pôts moins confiderables , tandis
„ que d'un autre côté nous partage-
„ rions avec les Anglois les richeffes
„ de leur Commerce : quelle erreur !
„ Je conviens que l'Ecoffe étoit obli-
„ gée de faire de plus grandes dépen-
„ fes avant l'Union. Il eft vrai cepen-

„ dant que les moindres impôts que
„ nous payons aujourd'hui, nous font
„ réellement plus à charge que nos
„ anciennes contributions. Notre ar-
„ gent paffe en Angleterre pour ne
„ plus rentrer en Ecoffe; autrefois c'é-
„ toit toujours la même maffe d'argent
„ qui, circulant toujours entre nos
„ mains, entretenoit une abondance
„ que nous ne connoiffons plus. N'efti-
„ mons qu'autant qu'il le mérite l'a-
„ vantage de commercer dans les
„ Colonies Angloifes. Que nous a
„ valu cette liberté? elle nous a en-
„ levé plufieurs de nos plus riches
„ Compatriotes ; nos Ecoffois qui
„ peuvent faire un grand Commerce,
„ s'établiffent en Angleterre ; ainfi
„ ce font les Anglois qui profitent
„ de leur induftrie & de leur fortune.
„ Ces Ecoffois oublient peu à peu
„ leur patrie, & plufieurs d'entre
„ eux font nos plus grands enne-
„ mis,

SUEDE. MAISON D'AUTRICHE. MAISON DE HOLSTEIN.

Le Traité d'Ofnabruch fera fidelle-ment obfervé dans tous fes articles. *T. d'Alt-Ranftadt. art. féparé* 1. ce Traité fut conclu le 1 Septembre 1707. entre l'Empereur Jofeph & Charles XII. Roi de Suede qui s'é-toit avancé dans la Saxe. Quoique ce Prince fe fut engagé par l'Alliance de la Haye du 16 Août 1703. de join-dre fes forces à celles des Alliés, dès qu'il auroit pacifié le Nord, fon voifi-nage inquiéta la Maifon d'Autriche. On le foupçonnoit d'avoir changé de difpofitions, & on craignit qu'il ne fe mêlât des affaires de la Succeffion d'Efpagne, & ne favorisât la caufe de Philippe V. Il fut aifé à la Cour de Vienne de tromper Charles XII. fur fes intérêts, elle le défarma en lui laiffant voir fes allarmes, & l'Empe-reur Jofeph en fut quitte pour accor-der à la Maifon de Holftein quelques graces qui ne lui coûtoient rien, &

aux Proteſtans de Sileſie les Priviléges dont je rendrai compte dans l'article ſuivant.

L'Empereur s'engage à ne jamais rien demander au Roi ni au Royaume de Suede, à raiſon des ſubſides pécuniaires ou militaires qu'ils auroient dû fournir à l'Empire pendant la Guerre de 1701. pour les Fiefs qu'ils poſſédent en Allemagne. *T. d'Alt-R. article 3.* Cet article eſt mal dreſſé de la part de la Suede, en ce que l'Empereur n'étoit pas ſeul en droit d'exiger les arrerages de ſon contingent; l'Empire pouvoit les répéter, & pour prendre toutes ſes ſûretés, Charles XII. auroit dû faire inſerer dans ſon Traité, que l'Empereur s'obligeoit de porter les Colleges de l'Empire à ne jamais rien demander à la Couronne de Suede pour les frais de la Guerre de 1701. & qu'au défaut d'acquieſcement de leur part à cette Convention, les Suédois auroient leur recours ſur la Maiſon d'Autriche.

Les Miniſtres chargés de conclure

des Traités, y laiſſent quelquefois gliſſer des nullités, y inſerent des clauſes ſuperflues, on ne donnent point à une Convention toute la force dont elle eſt ſuſceptible ; & cela parcequ'ils ignorent les Uſages & les Loix de chaque Nation dans ſa maniere de traiter, & les principes du droit des gens relatifs à cette matiere. Les perſonnes qui ſe deſtinent aux affaires, ne ſeront peut-être pas fâchées de trouver ici quelques courtes obſervations ſur ce ſujet.

Tous les engagemens qu'un Empereur contracte au nom de l'Empire, ſont nuls & ſans force, ſi les trois Colleges aſſemblés en Diéte ne l'ont auparavant autoriſé à les prendre, ou ne les confirment par leur ratification. Quoique les Princes du Corps Germanique joüiſſent à pluſieurs égards d'une autorité ſans bornes, qu'ils ſoient libres de faire des alliances, des ligues pour leur avantage particulier, aucun d'eux cependant ne peut ceder, ſans le conſentement de l'Empereur & de l'Empire, une partie de ſon territoire,

ritoire, ni foumettre fes domaines à
quelque redevance onéreufe. L'Allemagne eft une République de Souverains ; ce mot feul fuffit pour faire
fentir avec combien de précaution il
faut y traiter, & qu'un Miniftre qui y
négocie, ne fçauroit être trop attentif
à difcerner ce que peut chaque Etat,
& en quels points fon pouvoir eft
borné par les loix générales de l'Affo-
ciation Germanique.

Les Princes qui poffedent des Fiefs,
ne font libres de tranfiger fur des
Etats de cette nature que du confentement du Seigneur fuzerain, à moins
qu'ils ne jouïffent à cet égard d'un
privilége particulier, foit en vertu de
quelque acte, de quelque diplome,
foit en confequence d'un ufage ancien
& qui n'eft point contefté. C'eft ainfi
que le Roi de Naples contracte comme un Prince entierement indepen-
dant, parceque fon vaffelage fe borne
à prendre l'inveftiture du Pape, &
à lui prefenter tous les ans un leger
tribut.

Certaines Puiffances trompées par

le titre de Cours Souveraines qu'on donne aux Parlemens de France, ont souvent exigé que les Traités qu'elles faisoient avec cette Courone, y fussent enregiftrés ; cette formalité eft inutile. En France toute la Souveraineté réfidant dans la perfonne du Prince, l'enregiftrement des Traités peut bien, fi l'on veut, ajouter quelque chofe à leur publicité, mais rien à leur validité. Le pouvoir des Rois d'Efpagne & de Portugal & du Czar de Ruffie n'eft pas mois étendu à cet égard ; leur confentement feul donne à un Traité toute la force qu'il peut avoir. Il faut dire la même chofe des Rois de Dannemarc, depuis que leur Couronne eft héréditaire, & qu'ils la poffedent en pleine fouveraineté.

Le droit de contracter eft une prérogative effentielle du Souverain. Une Nation qui retient entre fes mains une partie du pouvoir, doit donc intervenir par fes Miniftres particuliers à la conclufion des Traités ou les ratifier. En s'écartant de ce principe, on peut contracter validement, parce-

que chez certains peuples, comme
chez les Anglois, un usage aussi fort
qu'une loi même constitue le Prince
pour Procureur de sa Nation en cette
partie, mais on ne traite jamais avec
une certaine sûreté. En effet combien
de fois le Parlement d'Angleterre
n'a-t'il pas forcé ses Rois à manquer à
leurs engagemens ? on pourroit re-
medier à ce désordre en exigeant que
ces Princes portassent leurs Traités au
Parlement comme ils y portent les
Bills d'amnistie ; mais d'autant plus
jaloux de leurs prérogatives qu'ils
joüissent d'une autorité plus bornée,
ils rejetteroient les propositions d'un
Negociateur qui voudroit les assujet-
tir à quelque nouvelle formalité. On
ne pourroit pas même se flater d'être
soutenu dans cette occasion par les
Anglois, quelqu'ardens qu'ils soient
à étendre leurs privileges aux dépens
de ceux de la Couronne. Maîtres des
Finances de l'Etat par la forme même
du Gouvernement, ils sont les maîtres
de remplir ou de ne pas tenir les engagemens du Prince, suivant qu'ils

les trouvent utiles ou contraires à leurs intérêts. L'Angleterre voit donc fans jaloufie la prérogative de fes Rois, & fes Politiques croyent même qu'elle eft avantageufe à la Natïon.

On eft expofé à plus d'inconveniens encore en traitant avec la Couronne de Suede. L'autorité des Succeffeurs de Charles XII. a été renfermée dans d'étroites bornes. Ils ont confenti à ne pouvoir déclarer la guerre fans le confentement des Etats, & faire la paix fans le Senat. Pourquoi les Princes de l'Europe ont-ils laiffé accrediter une Loi qui ne leur permet de prendre aucun engagement folide avec les Suédois ? Cette Nation a féparé deux chofes qui par leur nature doivent être toujours unies. Le droit de faire la guerre eft inféparable de celui de faire la paix & des alliances, puifque de ces Traités il naît des obligations qui conduifent néceffairement à déclarer la guerre. En fe réfervant le privilege de juger des cas où l'on doit armer, c'eft la même chofe pour les Etats de Suede, que s'ils avoient conservé le droit d'examiner les Traités de paix & d'alliance & de les ratifier, ce qui détruit réellement le pouvoir qu'ils paroiffent abandonner au Roi & au Sénat de les conclure.

Il n'y a peut-être point d'Etat en Europe avec lequel on traite moins furement que la République de Pologne. Tant que le *Liberum veto* fervira de bafe à la liberté mal entenduë des Polonois, leurs engagemens les plus authentiques feront le joüet des caprices d'un fimple Gentilhomme. Seroitil impoffible de reftraindre la liberté Polonoife dans de certaines bornes, lorfqu'il s'agit de prendre quelque réfolution relative à des Traités? Je ne vois point ce que gagne une Puiffance à infpirer une défiance éternelle à fes voifins. Dès que l'on ne compte point fur fes promeffes, elle n'entre prefque pour rien dans les affaires générales ; & il faut qu'elle fe fuffife à elle-même. Quelle fituation ! Il eft donc de l'intérêt de la République de Pologne de fe prêter à toutes les claufes qu'on pourra exiger pour affurer l'exécution des articles qu'on paſſe avec elle.

Un Plénipotentiaire doit être inſtruit des loix & des maximes qui forment le Droit Public de la Nation
avec laquelle il négocie, afin d'y déroger expreſſément s'il dreſſe quelque convention qui y ſoit contraire.
C'eſt ainſi que les Ambaſſadeurs de
France au Congrès de Munſter, ſça-
chant que les Allemands tiennent pour
principe, que les biens & les droits
de l'Empire ſont inaliénables, &
qu'il peut en tout temps en demander la reſtitution ; firent inſérer dans
leur Traité, que le Corps Germanique, en cédant les Evêchés de Metz,
Toul, & Verdun & l'Alſace, déro-
geoit à tous & chacun des Decrets,
Conſtitutions, &c. qui défendent l'a-
liénation de ſes biens & de ſes droits ;
& que quelque pacte ou convention qui puiſſe ſe faire dans les Diétes
de les recouvrer, jamais on n'enten-
dra parler des Terres données à la
France par la Paix de Munſter.

Je conviens que ces ſortes de clauſes devroient être rejettées des Trai-

tés ; les motifs fur lefquels quelques
Puiſſances établiſſent l'invalidité de
leurs ceſſions, n'ayant aucun fondement ſolide ; mais tant que l'intérêt &
l'ambition ſaiſiront de vains prétextes
pour éluder la force des engagemens,
les Négociateurs ne devront point ſe
contenter de prévenir les vrayes difficultés , il faut qu'ils ferment encore
toute entrée aux chicanes. Si les Miniſtres qui ſignerent la Paix d'Oliva
pour la Suede , avoient été auſſi pru-
dens que ceux dont je viens de parler,
jamais le feu Roi de Pologne (Auguſte II.) n'eût avancé que ſa République ne peut perdre aucun de ſes
domaines, ni inféré du ſerment qu'il
avoit fait à ſon avénement au Trône ,
qu'il étoit de ſon devoir d'entrer à
main armée dans la Livonie , & de
conquérir cette Province ſur Charles XII.

Il eſt encore plus important d'être
inſtruit des Titres en vertu deſquels
une Puiſſance poſſéde les Domaines
qu'elle abandonne. Un exemple fera
ſentir l'importance de ma remarque.

Comme au défaut d'Hoirs mâles dans
la Maison d'Autriche Allemande, l'Al-
face, de même que plusieurs autres de
ses Domaines, devoient passer aux héritiers de Charles-Quint; M. d'Avaux
& M. de Servien exigerent que la
Cour de Madrid ratifiât la cession des
pays que l'Empereur Ferdinand III.
abandonnoit à Loüis XIV. par la Paix
de Munster, & le Cardinal Mazarin
n'oublia pas dans le Traité des Pyrenées un article aussi important. Sans
cette sage précaution l'Espagne auroit
pu revendiquer l'Alsace à la mort de
l'Empereur Charles VI. Comme elle
a redemandé l'Autriche, la Stirie, le
Tirol, &c. j'avoüe même que je ne
vois point comment la France, qui,
par la simple cession de Ferdinand III.
n'auroit été mise qu'au lieu & place
de la Maison d'Autriche Allemande,
auroit pu ne pas restituer les pays
qu'elle avoit acquis par le Traité de
Munster. L'attention que j'éxige doit
être d'un usage fréquent en Europe,
mais surtout quand on traite avec les
Princes de l'Empire.

Lorsqu'on

Lorsqu'on se fait céder un Domaine, dont la possession peut être contestée, il faut exiger de sa partie, qu'elle se charge de satisfaire tous ceux qui auront des droits à faire valoir. En donnant une Province, il est nécessaire de stipuler qu'on ne céde que les droits dont on jouïssoit réellement. L'oubli de cette clause peut devenir le germe de mille nouveaux différends. Lorsque la Suede céda à la Maison de Hanover les Duchés de Bremen & de Verden, pour en jouïr avec les mêmes priviléges & les mêmes immunités qu'elle les a possédés, ou les a dû posséder, en vertu des Traités de Westphalie & des Concessions des Empereurs & de l'Empire ; il me semble que cette Puissance se conduisit avec beaucoup de sagesse, en ajoûtant que la Maison de Hanover se chargera de faire valoir les prétentions des deux Duchés cédés, & qu'elle ne pourra dans aucun temps avoir recours sur les Suedois, au sujet des droits qu'elle ne pourroit recouvrer.

L'Empereur confirme le droit de

Tome II.   R

primogeniture ou d'aîneſſe introduit dans la Maiſon de Holſtein-Gottorp, par le Duc Jean-Adolphe. Il s'engage encore à ratifier la Convention de 1647, par laquelle le Chapitre de Lubec promet de prendre ſes Evêques & leurs Coadjuteurs dans cette Maiſon, juſqu'à la ſixiéme génération incluſivement. *T. d'Alt-R. art.* 2.

PROTESTANS DE SILESIE.

Le libre exercice de Religion accordé par la Paix de Weſtphalie, à ceux de Sileſie qui profeſſent la Confeſſion d'Auſbourg, leur ſera conſervé, & on redreſſera tout ce qui pourroit avoir été innové contre le ſens naturel de cette pacification. *T. d'Alt-Ranſtadt, art.* 1. §. 1.

Les Proteſtans de Sileſie auront des Ecoles unies aux Temples dont ils joüiſſent près des Villes de Swinitz, Jawerin & Glogau, & ils pourront y entretenir autant de Miniſtres qu'ils en auront beſoin. *T. d'Alt-R. art.* 1, §. 2.

Ceux à qui le Traité d'Ofnabruck n'a pas accordé le libre exercice de la Confeſſion d'Auſbourg, joüiront de la liberté de conſcience dans l'intérieur de leurs Maiſons. On ne donnera aux orphelins que des tuteurs de leur Religion. Les Catholiques Romains qui demeurent dans des Paroiſſes de la Confeſſion d'Auſbourg, ou qui y poſſédent des biens fonds, payeront la Dîme aux Miniſtres. *T. d'Alt-R. art.* 1. §. 3. 4. & 5.

Les cauſes concernant les Mariages, feront jugées fuivant les Canons reçus dans la Religion Proteſtante. S'il furvient quelque affaire relative à la Religion, celui à qui le procès fera intenté, pourra s'adreſſer à la Regence de Sileſie, ou à Sa Majeſté Impériale elle-même, par la voye des Procureurs ou Mandataires que les Proteſtans entretiendront à la Cour de Vienne. *T. d'Alt-R. art.* 1. §. 6. & 7.

On ne fupprimera aucune des Egliſes où l'exercice de la Confeſſion d'Auſbourg a été maintenu. Les Pro-

teſtans ne ſeront point exclus des Charges publiques. Ils ſeront les maîtres
d'aliener & de vendre leurs biens, &,
s'il le jugent à propos, de ſe retirer en
pays étranger. *T. d' Alt-R. art.* 1. §. 8.
& 9.

Les événemens de la guerre préſente ont fait paſſer la plus grande partie de la Sileſie entre les mains du Roi
de Pruſſe. Ce Prince s'eſt chargé d'y
maintenir les Catholiques dans la joüiſ-
ſance de tous leurs droits. Il n'eſt pas
temps à préſent de parler de l'accommodement de Breſlaw, qui a terminé la premiere querelle de la Cour de
Berlin avec la Maiſon d'Autriche, ni
des Traités conclus l'année derniere
le 26. Août à Hanover, & le 25.
Decembre à Dreſde. On en rendra
compte dans le Suplement qu'on ajoûtera à cet Ouvrage lorſqu'une Paix
générale aura ramené le calme dans
l'Europe.

MAISON D'AUTRICHE, RÉPUBLIQUE DE GENES.

L'Empereur Charles VI. vend à la République de Genes, pour la somme de six millions, le Marquisat de Final & toutes ses dépendances. Il lui en donnera l'investiture dans la même forme qu'elle a été donnée aux Rois d'Espagne. Les Genois posséderont ce Fief avec les mêmes prérogatives que Charles II. & ses prédécesseurs l'ont possédé. *Contrat du 20. Août 1713, par lequel l'Empereur vend Final à la République de Genes, art. 1. & 3.*

Final continuera à relever de l'Empire. Les troupes des Successeurs de Charles VI. soit comme Empereur, soit comme chef de la Maison d'Autriche, auront un libre passage sur les terres de Final ; on leur fournira des vivres à juste prix, mais elles passeront par le chemin le plus court , & observeront la discipline la plus exacte. *Contrat de vente du M. de Final , art. 4. & article secret.*

R 3

Il n'eſt pas permis à la Seigneurie de Genes de recevoir dans le Port, la Ville ou le Château de Final, les troupes de quelque Puiſſance ennemie de l'Empire & de la Maiſon d'Autriche. Elle leur refuſera au contraire toute retraite, & ne s'écartera en rien de la fidélité qu'elle doit à l'Empire & à la Maiſon d'Autriche. *Contrat de vente du M. de Final, art. 5.*

Les Genois n'alieneront point le Marquiſat de Final. Ils entretiendront ſon Port dans le même état où il ſe trouve actuellement, & ils pourront l'ameliorer. Comme l'entrée n'en eſt pas toujours ſûre, les troupes de l'Empire & de la Maiſon d'Autriche, pourront débarquer dans le beſoin à Vado. *Contrat de vente du M. de Final, art. 6. & article ſecret.*

Le tranſport des ſels de la côte de Genes dans le Milanez, continuera à ſe faire par la voye ordinaire, & avec la même facilité qu'avant la vente de Final. *Contrat de vente du M. de Final, art. 8.*

Tout le monde eſt inſtruit des troubles qui éclaterent en 1732, dans l'Isle de Corse, & qui furent terminés l'année suivante par le réglement favorable que la République de Genes accorda aux révoltés. Je ne parlerois point de cette Piece, si l'Empereur Charles VI. ne s'en étoit rendu garant.

Les Corses ne pourront jamais être recherchés pour la révolte qu'ils ont excitée. Le Senat de Genes fera publier une Amnistie générale en leur faveur, & leur remet dès-à-préfent les arrérages des Impositions qui n'ont pas été perçues dans le courant de 1732. On établira dans leur Isle un Ordre de Noblesse, composé de dix-huit Seigneurs; ils seront considérés de la mème maniere qu'on regarde à Genes ceux qui sont élus de la part des Villes subalternes de la République. On les traitera de Magnifiques, & ils auront droit de se couvrir devant le Senat, le Doge & les autres Magistrats. Les Ecclésiastiques de Corse pourront être promus aux Evêchés de leur Isle, à moins qu'ils n'ayent démerité d'une façon particuliere de la République. Les Corses auront droit d'entretenir à Genes un Sujet de leur nation avec titre d'Orateur, lequel sera reçu au Tribunal de la République, comme s'il étoit du Corps de la Noblesse, quand même il ne seroit point Noble.

Le 16. Mars 1733, l'Empereur Charles VI. fit un Acte de garantie, par lequel il promet d'obliger les Genois à réparer les contraventions qui pourroient être faites de leur part au réglement convenu, pourvû que les habitans de l'Ile de Corse gardent à leurs Souverains la fidélité qui leur est duë.

La reconciliation ne fut pas sincere, les Corses trompés par quelques esprits inquiets & accoutumés à l'indépendance, ne purent joüir en repos des avantages qui leur avoient été accordés. Soit esperance d'un traitement encore plus favorable, ou crainte que le Senat de Genes ne songeât secrettement à se venger, il éclata une seconde révolte. À la priere de la Cour de Vienne , dont la guerre de Hongrie occupoit toutes les forces, le Roi de France envoya des troupes en Corfe, pour y rétablir la paix , & le Réglement de 1733 , fervit de bafe au fecond accommodement, dont la France a , dit-on , garanti l'exécution. Sans doute que cette Affaire paroiffoit très-férieufe , puifque la République de Genes a confenti que des Puiffances Etrangeres fe foient rendu garantes des engagemens qu'elle contractoit avec fes fujets : les Genois ne peuvent pas ignorer combien il eft dangereux pour un Etat, que fes Voifins ayent quelque prétexte de fe mêler de fon Gouvernement intérieur.

PROVINCES-UNIES.
EVESCHE' DE LIEGE.

Les Fortifications de la Citadelle de Liége , du côté de la Ville , refteront dans l'état où elles étoient avant la derniere guerre. Celles du côté de la Campagne & les Baftions feront démolis. Les ouvertures faites au mur ,

feront fermées par une muraille droite
qui joindra les courtines. *Acte du 29.
Juin 1717 signé à Bonn par l'Electeur
de Cologne, Evêque de Liege. Ce Prince
approuve les articles contenus dans la
résolution des Etats Généraux du 22.
Juin 1717, & qui avoient été approuvés par l'Empereur. Art. 1.*

Le Château de Huy, les Forts &
les ouvrages qui en dépendent, feront
démolis fans pouvoir jamais être répa-
rés, non plus què la Citadelle de Liege. *Acte de Bonn, art. 2.*

On rafera tous les ouvrages exté-
rieurs de Bonn, en y comprenant les
ravelins & le chemin couvert tant
d'un côté que de l'autre du Rhin. Il
ne fera permis en aucun tems de relever ces fortifications. A l'égard du
Fort conftruit fur la Montagne de faint
Pierre, il fubfiftera. Comme il eft fitué
fur le Territoire de Liege, les Etats
Généraux n'y auront pas plus de droit,
par rapport à la Jurifdiction, ou de
quelque autre maniere que ce puiffe
être, que fur les autres fortifications de
la Ville de Maftricht affifes dans les

Domaines de l'Evêché de Liege. *Acte de Bonn, art. 3. & 4.*

S. SIEGE. MAISON D'AUTRICHE, MAISON DE MODENE.

L'Empereur remet le Comté de Comachio & ses dépendances au Saint Siege, qui ne regardera pas cependant cette restitution comme un titre qui autorise sa possession. Les droits de l'Empire & ceux de la Maison de Modene sur ce Fief, seront conservés dans toute leur force, tant pour le possessoire que pour le pétitoire. *T. de Rome du 25. Novembre 1724. entre le Pape Benoît XIII. & l'Empereur Charles VI. art. 2 & 6.*

Le Saint Siege n'exigera jamais aucun dédommagement de la Maison d'Autriche, à raison des pertes qu'il auroit pu faire depuis que les Troupes Impériales se font emparé de Comachio. *T. de Rome, art. 1.*

C'est en 1708. que l'Empereur Joseph se mit en possession de ce Comté, lors des différends qui écla-

terent entre la Cour de Rome & lui.
Les troupes Impériales entrerent dans
le Ferrarois, en bloquerent la Capitale & le Fort d'Urbain, & prirent
Bologne, tandis qu'un corps de troupes s'avança du côté de Rome même.
Le Pape étoit réfolu à foutenir la
guerre, mais n'ayant reçu aucun des
fecours fur lefquels il avoit trop lége-
rement compté, il fut forcé à faire un
accommodement le 15. Janvier 1709.
Par ce Traité qui fut figné à Rome,
le Saint Pere confentit à défarmer, &
à démolir les fortifications qu'il avoit
fait élever fur les frontieres du Royaume de Naples & du Duché de Mantouë. *T. de Rome du 15. Janvier 1709.
art. 1. & 14.*

Le Pape promettoit encore d'établir une Congrégation particuliere de
Cardinaux pour difcuter les prétentions de la Maifon de Modene fur
Comachio, & de lui rendre une
prompte juftice. *T. de Rome du 15.
Janvier 1709, art. 9.* ,, Et parce
,, que Sa Majefté Impériale entend
,, que la Ville de Comachio avec fes

,, Vallées doit reſter en ſes mains,
,, dans l'état où elle eſt préſentement
,, avec un petit corps d'infanterie
,, Impériale, juſqu'à ce que le diffé-
,, rend des Ducs de Modene au ſujet
,, de Comachio, &c. ſoit éclairci &
,, terminé, ſans que ledit corps puiſſe
,, commettre aucune hoſtilité ; &
,, qu'au contraire Sa Sainteté entend
,, que ladite Ville & leſdites Vallées
,, doivent être reſtituées au S. Siege,
,, Sa Béatitude ſe confie tellement en
,, Sa Majeſté Impériale, qu'elle ne
,, doute point que Sadite Majeſté
,, n'ordonne ladite reſtitution. Mais
,, en cas que Sa Majeſté n'y incline
,, pas & qu'elle perſiſte, comme à
,, préſent, à vouloir retenir la Ville
,, de Comachio & ſes Vallées, on
,, ne laiſſera pas pour cela d'accom-
,, plir de la part de Sa Sainteté, tout
,, ce qui a été convenu par ce Traité.
,, Elle ne permettra point qu'il ſoit
,, donné aucun trouble au ſuſdit corps
,, d'infanterie dans Comachio, ni
,, qu'on lui empêche ſa libre commu-
,, nication tant par eau que par terre

„ avec les Domaines de Sa Majeſté
„ Impériale. *Traité de Rome du* 15
Janvier 1709. *art.* 19.

Le Duc de Modene ne pouvant ſe
déguiſer, malgré ce qu'on ſembloit
avoir ſtipulé en ſa faveur, que ſes intérêts étoient ſacrifiés à l'avidité de Jo-
ſeph, & que ce Prince ne cherchoit
qu'à cacher ſon uſurpation ſous le nom
honnête d'un Sequeſtre, proteſta contre le Traité de 1709. Il prétendit
avec raiſon qu'il étoit contre les regles
de remettre à une Congrégation de
Cardinaux le jugement de ſes prétentions ſur la Cour de Rome. Voyez
dans le troiſiéme Chapitre de cet Ouvrage, l'article où je rends compte de
l'accommodement de Piſe.

PRAGMATIQUE SANCTION.

Droits des Maiſons de Saxe, de Ba-
viere, de Bragance, à la Succeſſion
de l'Empereur Charles VI.

On a vu dans le Chapitre précédent que dès le 19 Avril 1713.

l'Empereur Charles VI. établit un nouvel ordre de Succeffion dans fa Maifon. Afin que cette Loi eut plus de force, on lui donna le nom de Pragmatique Sanction ; elle fut publiée dans les Etats de la Maifon d'Autriche en 1724. Voici comme Charles VI. s'explique dans fon Ordonnance. „ La Succeffion de tous
„ nos Etats, tant au dehors qu'au
„ dedans de l'Allemagne, en une
„ maffe & indivifiblement, échoira
„ dorenavant à nos defcendans mâ-
„ les, tant qu'il y en aura aucun ; &
„ au défaut de ceux-ci, aux Archidu-
„ cheffes nos filles, toujours fuivant
„ l'ordre & droit de primogeniture
„ fans la pouvoir jamais partager. Au
„ défaut de tout héritier légitime de
„ l'un ou de l'autre fexe defcendant
„ de nous, le droit d'hériter de tou-
„ tes nos Provinces échoira aux Prin-
„ ceffes filles de notre frere l'Empe-
„ reur Jofeph de glorieufe mémoire,
„ & à leurs defcendans de l'un & de
„ l'autre fexe felon le droit de primo-
„ geniture. Arrivant l'extinction de

,, ces deux lignes, ce droit héréditaire
,, fera entierement refervé aux Prin-
,, ceffes nos fœurs, & à leurs defcen-
,, dans légitimes de l'un & de l'autre
,, fexe, & fucceffivement à toutes les
,, autres lignes de l'Augufte Maifon,
,, à chacune felon le droit de primo-
,, geniture, & fuivant le rang qui en
,, réfultera.

En vertu de cet Acte, la Maifon de Saxe, au défaut de la pofterité de Charles VI. eft appellée à la fucceffion Autrichienne, par le mariage de l'Ar-chiducheffe Marie-Jofephine, fille aînée de l'Empereur Jofeph, avec le Prince Electoral de Saxe, aujourd'hui Augufte III. Roi de Pologne. La Maifon de Baviere doit fucceder à la Maifon de Saxe, & elle tient fon droit de l'Archiducheffe Marie-Ame-lie, feconde & derniere fille de l'Em-pereur Jofeph, & femme du feu Em-pereur Charles VII. De toutes les fœurs de l'Empereur Charles VI. il n'y en a eu qu'une de mariée ; c'eft l'Archiducheffe Marie-Anne, Reine de Portugal, qui donne à la Maifon
de

de Bragance une expectative sur tous les Etats de la Maison d'Autriche.

Le 19 Août 1719. l'Archiduchesse Marie-Josephine passa à Vienne un Acte par lequel elle renonce à tous les droits & à toutes les prétentions qu'elle peut avoir & former sur les Etats de la Maison d'Autriche, soit en vertu de sa naissance, soit en conséquence de quelque Loi ou usage que ce puisse être. Elle déclare qu'elle se conforme à l'ordre de succession établi par la Pragmatique Sanction. Cet Acte fut confirmé à Dresde le 1 Octobre de la même année, par le Prince Frederic Auguste, aujourd'hui Roi de Pologne, & par le feu Roi Auguste son pere. Le même jour ces deux Princes & l'Archiduchesse Marie-Josephine firent en commun une nouvelle renonciation pour renouveller & confirmer la premiere.

Le 3 Octobre 1722. l'Archiduchesse Marie-Amelie fit à Vienne une renonciation tendant à la même fin que celle de sa sœur aînée. Le 10 Decembre suivant Maximilien-Emanuel, Electeur de Baviere, & son fils Charles-Albert, depuis Empereur, y accederent. Ils signerent en même temps avec l'Archiduchesse Marie-Amelie, un second Acte de renonciation confirmatif du premier.

FRANCE. DANNEMARC.

La Couronne de France cede & vend à la Compagnie Danoise des Indes Occidentales & de Guinée, l'Isle de Sainte Croix située en Amerique. *T. conclu à Coppenhague entre les deux Couronnes le 15 Juin 1733.* Cette cession ou vente est confirmée par le quarante-deuxieme article du Traité de Commerce & de Navigation que les Couronnes de France & de Dannemarc ont contracté à Coppenhague le 23 Août 1742.

ALLIANCES. GARANTIES.

Angleterre. Provinces-Unies.

Il y aura une amitié perpetuelle

entre l'Angleterre & les Provinces-Unies. *T. de la Haye du* 11 *Novembre* 1701. *art.* 1. Cette Alliance fera regardée comme faifant partie de celle de 1678. dont tous les articles font rappellés & maintenus dans leur force. *T. de la Haye*, *art.* 13. Voyez le quatriéme Chapitre de cet Ouvrage où j'ai rendu un compte détaillé des engagemens reciproques que l'Angleterre & les Etats Généraux ont pris.

Afin d'éviter toute forte de difpute fur le cas d'alliance, on fera toujours plus d'attention à l'effentiel ou matériel qu'au formel, pour la confervation ou la défenfe de l'un ou de l'autre Contractant. Ainfi on reputera *pro cafu fœderis* non feulement fi l'un ou l'autre des Alliés eft attaqué, mais auffi fi quelque Puiffance fe prepare à l'attaquer, ou le menace par des levées extraordinaires, armemens de Vaiffeaux, &c. *Traité de la Haye*, *art.* 3 *&* 4.

ANGLETERRE. PROVINCES - UNIES. MAISON DE HOLSTEIN.

L'Angleterre & les Etats Généraux des Provinces-Unies garantiffent au Duc de Holftein-Gottorp les Traités d'Altena & de Travendal. *Convention fignée à la Haye le 15 Mars 1703.*

MAISON D'AUTRICHE. POLOGNE. VENISE.

L'Empereur Charles VI. & les Républiques de Pologne & de Venife renouvellent leur Alliance perpétuelle & défenfive contre la Porte, & promettent de fe fecourir de toutes leurs forces. *Déclaration de ces trois Puiffances faite au Congrès de Paffarowitz le 21 Juillet 1718. & notifiée aux Miniftres du Grand Seigneur.*

RUSSIE. MAISON D'AUTRICHE.

L'Imperatrice de Ruffie garantit à l'Empereur la poffeffion de tous fes

Etats, & ce Prince lui garantit à fon tour toutes les Provinces qu'elle poffede en Europe. *T. de Vienne du 6 Août 1726. art. 2. & 3.* La Ruffie accede au Traité de Paix conclu à Vienne le 30 Avril 1725. entre l'Empereur & le Roi d'Efpagne. Elle promet de le maintenir dans tous fes articles de la même maniere que fi elle eut été dès le commencement une des parties contractantes. *Traité de Vienne, art. 2.* Pour connoître la nature des engagemens que prend ici la Ruffie, on peut voir dans le feptiéme Chapitre de cet Ouvrage l'analife du Traité de Vienne du 30 Avril 1725. entre la Cour de Vienne & celle de Madrid.

En cas que l'un des Contractans foit attaqué dans quelqu'une de fes Provinces, l'autre lui fournira un fecours de 20 mille hommes d'infanterie & de 10 mille chevaux. On agira de toutes fes forces, s'il le faut, en déclarant la Guerre, & alors les deux Alliés ne pourront faire la Paix que de concert. *T. de Vienne, art. 2. & 3.*

Aucune des parties contractantes n'accordera sa protection aux Sujets ou Vaffaux rebelles de l'autre. *T. de Vienne, art.* 5. Dans le refte de ce Traité il n'eft queftion que des intérêts de la Maifon de Hoftein-Gottorp; je ne rappellerai pas ici ce que j'en ai dit dans le huitiéme Chapitre de cet Ouvrage.

ANGLETERRE. MAISON D'AUTRICHE. PROVINCES-UNIES.

L'Angleterre garantit à la Maifon d'Autriche la poffeffion de fes Domaines contre les attaques de tous fes ennemis à l'exception du Turc, & promet de défendre en toute occafion l'ordre de Succeffion établi par la Pragmatique Sanction. *T. de Vienne du* 16 *Mars* 1731. *entre l'Empereur & l'Angleterre, art.* 1. & 2. & *article féparé.* J'ai déja rendu compte en partie de ce Traité dans l'article des Négociations relatives à la Paix d'Utrecht. Voyez le feptiéme Chapitre de cet Ouvrage.

L'Empereur, comme Chef de la Maison d'Autriche, garantit à la Couronne d'Angleterre la joüiffance de tous les Etats qu'elle poffede en Europe. Il fera ceffer dans l'étenduë des Pays-Bas & de fes autres Provinces provenant de la Succeffion de Charles II. tout Commerce aux Indes Orientales, fe refervant cependant la faculté d'y envoyer encore deux Vaiffeaux qui pourront rapporter leur charge à Oftende & l'y vendre. *T. de Vienne du 16 Mars 1731. article 1. & 5.*

Les Contractans renouvellent tous leurs Traités anterieurs, & les Anglois à l'égard du Commerce, joüiront dans le Royaume des deux Siciles des Priviléges qu'ils y ont eus fous le regne de Charles II. ils y feront traités comme la Nation la plus favorifée. *T. de Vienne, art. 1. & 7.*

Les Provinces-Unies accedérent à ce Traité le 20 Fevrier 1732. & dans leur Acte d'acceffion on expliqua quelques conditions qui paroiffoient énoncées d'une maniere trop vague.

En conſequence de la Garantie mutuelle dont on eſt convenu dans le premier article du Traité conclu à Vienne le 16 Mars 1731. l'Empereur & le Roi d'Angleterre fourniront à la partie leſée & qui ſera en droit de requerir un ſecours, huit mille fantaſſins & 4 mille chevaux. Dans le même cas les Provinces-Unies donneront ſeulement 4 mille Fantaſſins & 1000. Chevaux. Si ces ſecours étoient demandés pour l'Italie, la Hongrie ou les Pays adjacens à ce Royaume hors de l'Empire, les Etats Généraux ſans être obligés d'envoyer leurs Troupes dans ces Provinces éloignées, pourront donner à la partie requerante des Vaiſſeaux de guerre & de tranſport, ou de l'argent pour la valeur du ſecours qu'ils devroient fournir. On évalüe mille Soldats à la ſomme de dix mille florins de Hollande par mois, & mille Chevaux à trente mille florins. Si ces ſecours ne ſuffiſent pas, on agira de toutes ſes forces & on déclarera la guerre à l'agreſſeur. *Acte d'acceſſion*

d'accession des Provinces-Unies , arti-
cle 2.

Les parties contractantes se conformeront de bonne foi à la regle établie par le Traité de Munster du 30
Janvier 1648. concernant le Commerce & la navigation dans les Indes
Orientales. Il sera cependant permis
aux Sujets des Pays-Bas & des autres
Provinces Autrichiennes qui ont appartenu à la Monarchie d'Espagne ,
d'acheter & de vendre des marchandises venues des Indes Orientales ,
& d'en trafiquer en tout lieu , pourvû
qu'ils ne les soient pas allé chercher
eux-mêmes. *Acte d'accession des Pro-*
vinces-Unies , art. 4.

Si l'Archiduchesse à qui la succession de la Maison d'Autriche doit
échoir , ou échoira dans la suite des
temps , épouse un Prince qui possede
de son chef de grands Etats , les Provinces-Unies ne feront point tenuës à
la garantie de la Pragmatique Sanction , à moins que ce Prince , pour
conserver l'équilibre de l'Europe , ne
renonce à son patrimoine. *Acte d'ac-*

Tom. II. T

ceſſion des Provinces-Unies , art. ſé-
paré. Les Provinces-Unies auroient
dû encore ne garantir que l'indiviſibi-
lité des Etats que poſſédoit l'Empereur Charles VI. & non pas de ceux
que ſes héritiers pourront acquérir
dans la ſuite. Si les Puiſſances de
l'Europe entendent leurs intérêts , &
veulent empêcher l'agrandiſſément
d'une Maiſon qui parviendroit enfin à
tout engloutir , elles ne manqueront
pas d'inſerer la clauſe que je propoſe
dans les Traités de paix qui termine-
ront la guerre préſente. La Cour de
Vienne doit ſe prêter à ces vûes ; il
eſt dit expreſſément dans le Décret de
Commiſſion par lequel Charles VI.
demandoit à l'Empire ſa garantie de
la Pragmatique Sanction , que Sa Majeſté Impériale ne ſonge point à agrandir ſa Maiſon Archiducale ; qu'elle
veut ſeulement conſerver pour ſes
deſcendans de l'un & de l'autre ſexe,
dans un Etat indiviſible , les Domaines que Dieu lui a donnés , *& qu'elle*
poſſede actuellement.

Il ſeroit inutile aujourd'hui de par-

ler ici des articles que les Etats Généraux avoient ftipulés avec l'Empereur
Charles VI. par rapport aux différends
qui s'étoient élevés entre le Prince
d'Ooft-Frife & fa Ville capitale. Cette
affaire eft entierement terminée depuis que le Roi de Pruffe s'eft mis en
poffeffion de cette Principauté , en
vertu de fon droit d'expectative. Les
Provinces-Unies ont retiré la garnifon qu'elles tenoient dans Embden ,
& il n'eft pas vraifemblable que les
Magiftrats & les Bourgeois de cette
Ville veüillent contefter au Roi de
Pruffe des droits qui n'auroient jamais
été douteux , fi fes Prédéceffeurs
avoient été auffi puiffans que lui.

MAISON D'AUTRICHE. RUSSIE. DANNEMARC.

Il y aura une ferme & perpétuelle
amitié entre l'Empereur, comme Chef
de la Maifon d'Autriche , le Dannemarc & la Ruffie. Ces Puiffances s'engagent à ne contracter dorénavant
aucune alliance contraire à celle-ci.

Elles fe garantiffent tous les Etats qu'elles poffédent actuellement en Europe, ainfi que tous leurs droits, regales, franchifes & priviléges, & promettent de fe défendre mutuellement de toutes leurs forces, contre qui que ce foit. *T. de Coppenhague du 26. May 1732, art.* 1. 3. *&* 5.

Le Roi de Dannemarc garantit l'ordre de Succeffion établi dans la Maifon d'Autriche par la Pragmatique Sanction. Lui & fes Succeffeurs exécuteront cette Garantie toutes les fois que l'Empereur & quelqu'un de fes Succeffeurs feront attaqués contre la teneur de cette difpofition héréditaire. *T. de Coppenhague, art.* 4. Par les articles féparés de ce Traité la Cour de Vienne & la Ruffie fe tiennent libres des engagemens qu'elles avoient pris au fujet du Duché de Slefwick, & des intérêts de la Maifon de Holftein-Gottorp. Voyez le huitiéme Chapitre de cet Ouvrage.

PAIX D'ABO,

Suede. Ruſſie.

Quoique je n'aye annoncé dans cet Ouvrage que les Traités qui ont été conclus avant l'année 1740, je ne paſſerai pas ſous ſilence la derniere Paix de la Suede avec la Ruſſie.

Tout le monde ſe rappelle que l'Imperatrice Anne Iwanowna, qui mourut le 27. Octobre 1740, établit par ſon Teſtament une forme de gouvernement biſarre, injuſte & contraire aux intérêts de trop de perſonnes pour être durable. La confiance que cette Princeſſe avoit eue pour le Comte de Biron, Duc de Curlande, avoit fait pluſieurs mécontens. La derniere preuve d'attachement qu'elle lui donna en l'établiſſant Régent de Ruſſie, pendant la longue minorité de ſon Succeſſeur, acheva de ſoulever tous les eſprits contre un homme qu'on regarda dès-lors comme l'uſurpateur du Trône.

T 3

Les uns fe plaignoient de ce qu'un Enfant encore au berceau, & qui ne pouvoit avoir de droit à l'Empire que par fa mere, lui fut préféré. Les autres, en beaucoup plus grand nombre, murmuroient contre l'injuftice qu'on faifoit à la Princeffe Elifabeth Petrowna, fille de Pierre le Grand, & qui étoit appellée au Trône par le Teftament de l'Imperatrice Catherine fa mere. Soit que les ennemis du Duc de Curlande fuffent dévoüés à la Ducheffe de Brunfwic Beveren, foit qu'ils fuffent attachés à la Princeffe Elifabeth, ils fe réunirent dans le deffein de rendre odieux le Gouvernement préfent.

Les Suedois inftruits de l'état de la Ruffie, crurent que le moment étoit venu où ils pourroient réparer les pertes qu'ils avoient faites à Neuftadt, & prévoyant les troubles dont cette Puiffance alloit être agitée, ils lui déclarerent la Guerre le 24. Juillet 1741. Cette Déclaration fut fuivie d'un Manifefte, dans lequel on reprochoit à la Cour de Peterfbourg l'affaffinat de

M. de Sinclair, Miniftre de la Suede à la Porte, & le violement de plufieurs articles de la derniere Paix.

Les Suedois ne fe tromperent pas dans leurs conjectures. Le Duc de Curlande fut arrêté, dépoüillé de fes Etats, & relegué dans les déferts de la Siberie, & la Régence paffa entre les mains de la Ducheffe de Brunf-wic-Beveren. Ce ne fut-là que le pré-lude d'un mouvement encore plus con-fidérable, il fe formoit un parti pour porter fur le Trône la Fille de Pierre le Grand. Cette entreprife conduite avec autant de courage que de fecret, eut le fuccès defiré, le jeune Empe-reur, la Régente, fon Mari & leurs Miniftres furent arrêtés, & Elifabeth Petrowna, proclamée par la Garde, reçut les hommages & le ferment de fidélité de tous les Ordres de l'Etat.

Ces révolutions, comme toutes cel-les qui arrivent dans un Gouverne-ment defpotique, furent terminées trop promptement, pour que les Sue-dois en tiraffent quelque avantage. Leur armée qui n'avoit eu aucun fuc-

cès., se trouva même enfermée à Hel-
singforts. Sans ressources & prête à
périr, elle fut obligée de capituler, &
reçut comme une faveur la liberté de
repasser en Suede, en cédant toute la
Finlande aux ennemis. Après cette
disgrace, il ne fut plus question que
de demander la Paix, les Conférences s'en tinrent à Abo. N'ayant point
eu entre les mains les Piéces de ce
Congrès, je ne rapporterai ici que les
détails que nous en ont appris les nouvelles publiques.

,, Les Ministres, Plénipotentiaires
,, de la Czarine & ceux du Roi de
,, Suede sont convenus par les arti-
,, cles préliminaires de paix, signés à
,, Abo le 27. Juin 1743, que les
,, Etats du Royaume de Suede, en
,, considération de la recommanda-
,, tion de la Czarine & de celle du
,, Duc de Holstein, consentiroient
,, d'élire & de proclamer le Prince
,, Adolphe-Frederic de Holstein,
,, Evêque de Lubeck, pour succéder
,, à la Couronne de Suede ; que la
,, Suede céderoit à perpétuité à la

„ Ruſſie le Gouvernement de Kimen-
„ gor, juſqu'à la branche de la riviere
„ de Kimen, la plus voiſine de la
„ Bothnie, ainſi que la Ville & la Ci-
„ tadelle de Miſlot avec une liſiere,
„ à l'Oueſt & au Nord, de la largeur
„ de deux lieuës Suedoiſes ; que toute
„ la rive Occidentale de la derniere
„ branche de la riviere de Kimen,
„ du côté de la Bothnie, demeure-
„ roit ſous la domination de Sa Ma-
„ jeſté Suedoiſe, & que la Ruſſie
„ conſerveroit le pays ſitué à l'Eſt &
„ au Nord de cette riviere juſqu'aux
„ diſtricts de Tavaſthus & de Savo-
„ lax; que depuis la liſiere qui ſeroit
„ poſſédée par la Ruſſie, à l'Oueſt &
„ au Nord de la Ville de Miſlot, il
„ ſeroit tiré une ligne du côté du Sud
„ vers les frontieres du Gouverne-
„ ment de Kimengor, & du côté de
„ l'Eſt vers celles de la Carelie ; que
„ dès qu'on auroit reçu avis que l'E-
„ vêque de Lubeck auroit été élu
„ pour ſuccéder au Trône de Suede,
„ la Czarine reſtitueroit à la Suede,
„ non ſeulement toute la partie de la

,, Finlande qu'elle a conquife , mais
,, encore la Bothnie orientale ; les
,, Ifles d'Aland ; la Province de Ry-
,, land ; les Villes de Biornebourg ,
,, d'Abo & de Tavafthus , avec leurs
,, dépendances ; la partie de la Ca-
,, relie , qui étoit tombée en partage
,, à la Suede par le Traité de Neuf-
,, tadt , & le Gouvernement de Savo-
,, lax , à l'exception de la Ville & de
,, la Citadelle de Miflot; que le Duc
,, de Holftein , en reconnoiffance de
,, l'élection de l'Evêque de Lubeck ,
,, renonceroit, tant pour lui que pour
,, fes defcendans, à toutes les préten-
,, tions qu'il peut avoir fur la Suede ,
,, & qu'il feroit dreffer inceffamment
,, à ce fujet un Acte formel & con-
,, venable ; que fi contre toute atten-
,, te , & en haine de l'Election qui
,, feroit faite en faveur de l'Evêque
,, de Lubeck , la Suede étoit attaquée,
,, ou expofée à quelque trouble , la
,, Ruffie prendroit , conjointement
,, avec elle, toutes les mefures les
,, plus promptes & les plus efficaces
,, pour faire ceffer les inconvéniens

„ de cette nature. Qu'après la figna-
„ ture des articles préliminaires,
„ les Miniftres Plénipotentiaires des
„ deux Puiffances continueroient à
„ travailler fans interruption à la con-
„ clufion du Traité de Paix, lequel
„ auroit pour bafe celui de Neuftadt,
„ à l'exception de ce qui regarde les
„ nouvelles conventions faites par
„ rapport aux Frontieres de la Fin-
„ lande, & les autres articles qui ne
„ font point relatifs aux circonftances
„ préfentes. *Gazette de France du* 10.
Août 1743.

„ Les Miniftres Plénipotentiaires
„ de la Czarine & ceux du Roi de
„ Suede font convenus par le Traité
„ définitif de Paix, qu'ils ont figné au
„ nom des deux Puiffances, que la
„ liberté de commerce feroit rétablie
„ par terre & par mer entre les Sujets
„ des deux Couronnes ; qu'il feroit
„ permis aux Suedois, ainfi qu'il leur
„ a été par le paffé, de tirer tous les
„ ans une certaine quantité de grains
„ de Livonie, & que leurs Majeftés
„ Czarienne & Suedoife nomme-

,, roient refpectivement des Commif-
,, faires pour connoître des différends
,, qui furviendroient entre leurs fu-
,, jets , & pour prévenir tout ce qui
,, pourroit altérer la bonne intelligen-
,, ce entre la Ruffie & la Suede. On
,, a inféré dans le nouveau Traité
,, plufieurs articles de celui de Neuf-
,, tadt, lequel a fervi de bafe aux der-
,, nieres négociations, & on a renou-
,, vellé l'Alliance conclue à Sto-
,, kholm le 22. Fevrier 1724, & con-
,, firmée le 5. Août 1735 , entre les
,, deux Puiffances. *Gazette de France
du 23. Août 1743.*

J'ai déja parlé dans le huitiéme
Chapitre de cet Ouvrage , à l'article
de la Maifon de Holftein-Gottorp ,
de l'Alliance que la Suede & la Ruffie contracterent en 1724. Je n'ai
rendu compte que des engagemens
relatifs aux intérêts de la Maifon
de Holftein , je vais faire connoître
les autres qui font partie de la Paix
d'Abo.

Si l'un des Contractans eft attaqué
par quelque Puiffance Etrangere, l'au-

tre employera ses bons offices pour
rétablir la concorde ; mais dans le cas
que ses soins soient infructueux , il
donnera, au plus tard quatre mois après
qu'il en sera requis , un secours à son
Allié. De la part du Roi de Suede ,
ce secours consistera en huit mille
hommes d'infanterie , deux mille chevaux, six vaisseaux de 50. à 70. pieces
de canon & deux frégates de 30. De
la part du Czar , en douze mille fan-
tassins , quatre mille cavaliers , neuf
vaisseaux de 50. à 70. canons & trois
frégates de 30. Ces troupes auxiliaires
seront entretenuës par le Prince qui
les fournira. A l'égard des vaisseaux
auxiliaires on les équipera & avitail-
lera pour quatre mois. A l'expiration
de ce terme , celui qui les aura requis
leur fournira l'entretien. Le comman-
dement général des forces appartiendra au Général du Prince requerant ,
de maniere néanmoins qu'on n'entreprendra rien d'important qui n'ait été
conclu & arrêté dans un Conseil de
guerre , & en présence de l'Officier
Général qui commandera les troupes

auxiliaires. *T. de Stokholm du 22. Fe-vrier 1724. art. 4. 5. 6. 7. & 8.*

Si le Contractant requis étoit atta-qué à caufe des fecours qu'il donne à fon Allié , celui-ci ne pourra faire aucun Traité de treve ni de paix fans fon confentement. *Traité de Stokholm, art. 17.*

Sa Majefté Czarienne confent que le Roi de Suede achete tous lés ans en Livonie pour 50 mille Roubles de chanvre , de lin & de mâts, fans payer aucun droit de fortie. *T. de Stokholm , art. féparé 1.*

CHAPITRE XI.

Traités de Commerce & de Navigation conclus entre les principales Puif-fances de l'Europe.

NOus fommes dans un fiécle trop éclairé pour qu'il foit befoin de prouver qu'une Nation ne peut être heureufe & floriffante fans le com-merce. L'Europe n'a fenti que bien

tard cette vérité ; les Barbares qui s'é-
tablirent fur les ruines de l'Empire
Romain , n'étoient propres qu'à la
guerre, & les vices de leur Gouvernement la rendirent néceſſaire pendant pluſieurs ſiécles. Tandis que les
Peuples les plus puiſſans eſſayoient
leurs forces les uns contre les autres ,
ou étoient en proye à des diſſenſions
domeſtiques , quelques Républiques
d'Italie conſtruiſirent des Barques , &
tranſporterent d'un Port à l'autre les
denrées qu'elles eſpéroient d'y débiter. Ces commencemens furent heureux , & contribuerent au rétabliſſe-
ment du riche commerce que les Anciens avoient fait par la voye d'Alexandrie & des Ports de la Sirie. C'eſt
là que les Vénitiens & les Génois alloient chercher les marchandiſes des
Indes qu'ils revendoient avec un profit
immenſe.

A leur exemple quelques Villes
ſituées ſur la Mer Baltique , établirent
une correſpondance entre les Royaumes du Nord & l'Allemagne , & elles
en furent elles-mêmes le lien. Tout le

commerce de ces Provinces fut entré leurs mains ; elles s'affocierent pour fe rendre plus confidérables ; leurs richeffes les mirent en état de fe faire refpecter de leurs voifins, & les Princes les plus puiffans rechercherent leur alliance.

Le commerce ne fut plus une chofe inconnue dans l'Europe, toutes les Villes maritimes ou fituées fur de grandes Rivieres, fongerent à profiter de leur fituation ; elles devinrent autant d'entrepôts où les Provinces voifines déchargeoient l'excédent de leurs marchandifes, & fe pourvurent de tout ce qui leur manquoit. Il fe forma des Manufactures de tout côté, & les Pilotes de jour en jour plus exercés, porterent enfin la navigation à fon plus haut degré de perfection. Dès le quinziéme fiécle l'Italie étoit déja très-célebre par fes Etoffes de Soye, & les Pays-Bas par leurs Manufactures en Laines. C'eft dans ce même tems que la France eut le bonheur de poffeder Jacques Cœur, peut-être le plus grand Commerçant que
l'Europe

l'Europe ait eu ; & que les Portugais, en parcourant les Côtes Occidentales d'Afrique, tentoient de s'ouvrir une route nouvelle aux Indes.

La découverte de l'Amérique & l'heureuſe arrivée des Portugais à Calicut, en doublant le Cap de Bonne-Eſpérance, cauſerent une révolution étonnante dans toute l'Europe. Le commerce des Italiens tomba, & Liſbonne devint le magaſin général des marchandiſes des Indes. Les Portugais donnerent à un prix modique ce que les Vénitiens & les Génois étoient obligés d'acheter cherement des Arabes ou des Caravanes de Perſe. Le luxe s'étendit ; pour le ſatisfaire, il fallut lui offrir des objets nouveaux ; l'induſtrie encouragée par l'or & l'argent d'Amérique, perfectionna tous les Arts, & en créa de nouveaux.

Les Villes Anſéatiques avoient déja commencé à décheoir. Leur ſituation ſur toutes les Mers & les grandes Rivieres de l'Europe, fut d'abord la cauſe de leur proſpérité, & le devint enſuite de leur ruine ; parceque leur

éloignement qui les mettoit en état
d'embraſſer un commerce plus varié
& plus étendu, ne leur permettoit pas
de ſe ſecourir promptement contre
leurs ennemis. Cette aſſociation compoſée de 72. & ſelon d'autres Au-
teurs, de 80. Villes, s'étoit formée
dans un tems où les Princes ne joüiſ-
ſoient que d'une autorité précaire dans
leurs Etats; mais à meſure qu'ils agran-
dirent leur pouvoir, ils détacherent
de l'Anſe Teutonique les Villes de
leur Domination qui s'y étoient join-
tes. Plus les Villes Anſéatiques ſenti-
rent leur affoibliſſement, moins il y
eut d'union entr'elles; & voulant, les
unes aux dépens des autres, réparer
les pertes que leur cauſoit leur déca-
dence, elles ne firent que la hâter.
Cette Société preſque ruinée par ſes
querelles dont les Flamands & les
Hollandois avoient habilement pro-
fité, perdit toute eſpérance de ſe relever, dès que les Nations les plus
puiſſantes voulurent faire le commerce
par elles-mêmes.

Il y a cinq branches ſur leſquelles

eſt établi le Commerce de l'Europe ;
le Commerce intérieur de chaque
état en particulier, le Commerce des
Européens entr'eux, & celui qu'ils
font aux Indes, en Amerique & ſur les
côtes d'Afrique. Je crois qu'il ne ſera
pas inutile d'ébaucher ici quelques
réflexions ſur un ſujet auſſi important.

Le Commerce interieur n'enrichit
point par lui-même un Etat, puiſque
ne ſuppoſant aucune exportation, il
n'y fait entrer aucun argent ; c'eſt
cependant le plus utile, & il ſert de
baſe au Commerce étranger ; ſans
d'excellentes Loix ſur cette partie du
Gouvernement, un Royaume languit
au milieu des richeſſes qui devroient
faire ſa force & ſon bonheur. L'Agriculture & tous les autres Commerces
qui ſont entre les mains des gens de
la Campagne, méritent une attention
particuliere de la part d'un Légiſla-
teur ; en les animant on multiplie l'induſtrie, on multiplie les richeſſes, on
multiplie les hommes, & la ſociété
devient par conſequent capable de
former de plus grandes entrepriſes.

Si la circulation au contraire n'est pas
libre entre toutes les Provinces d'un
Etat, la nature y répendra inutilement ses faveurs ; les denrées péri-
ront faute de consommation ; on
craindra l'abondance presqu'autant que
la disette, & on travaillera moins
pour vendre plus cher. Il est aisé de
voir combien de maux doivent ré-
sulter de ce vice capital, en réflé-
chissant à la relation intime que toutes les branches du Commerce ont
entre elles ; mais ce n'est pas ici le
lieu de m'étendre sur cette matiére,
quelque interressante qu'elle puisse
être, ni sur les moyens que la politique met en usage pour faire fleurir le
Commerce intérieur.

Le besoin lie toutes les Nations
entre elles. On va chercher dans le
Nord des bois de construction, des
grains, de la cire, du goudron,
des pelleteries, &c. la France a ses
vins, ses eaux-de-vie, ses sels, &c.
l'Espagne, l'Angleterre, en un mot
tous les autres Etats de l'Europe possedent quelque richesse particuliere,

foit qu'ils la tiennent de la nature feule,
foit qu'ils la doivent à leur induftrie.
A proprement parler la Nation en
faveur de qui la balance du Commerce devroit pancher, c'eft celle qui
habite le climat le plus fertile. Cependant la Hollande a des tréfors immenfes, fruit du trafic peut-être le
plus étendu de l'Europe, quoiqu'elle
ne puiffe nourrir du produit de fes
terres que la huitiéme partie de fes
habitans, & que manquant des chofes
les plus néceffaires à la vie, elle n'ait
que du beurre, du fromage, & très-
peu de laines groffieres. Ce qui fait le
bonheur de cette Province, c'eft que
bien loin que tous les Peuples tirent
parti de leurs avantages, la plûpart
vivent dans une ignorance profonde
de leurs intérêts, & ont les mains
liées par une pareffe qui eft le fruit de
leur mauvais Gouvernement.

Les Hollandois profitent de la
fertilité de tous les Pays où ils étendent leur Commerce & leur navigation. Les richeffes dont une Nation
ne fçait pas faire ufage, deviennent

leur propre bien. Ils tranſportent &
travaillent dans leur Pays les ſoyes,
les laines, le fil, le coton, le poil,
& généralement toutes les matieres
qui peuvent être employées dans des
Manufactures. Leurs Villes font de
riches magaſins où ils ont l'art de raſ-
ſembler toutes les denrées particulieres des differens Etats de l'Europe.
Il arrive de-là que revendant beaucoup plus qu'aucune autre Nation ne
vend, la Hollande fait des profits
beaucoup plus conſiderables. Elle gagne ſur les vins & les eaux-de-vie de
France, ſur les bleds de Pologne &
de Livonie, ſur les bois de Norvege
& de Ruſſie, ſur les cuivres de Suede, ſur les laines d'Eſpagne, ſur les
ſoyes d'Italie & du Levant, &c.

L'induſtrie des Hollandois ceſſe-
roit bien-tôt de les enrichir, ſi tous
les Peuples dont ils font les facteurs
ou les colporteurs, ſe conduiſoient
avec autant de prudence que l'Angleterre. En 1660. ſon Parlement fit un
Réglement qui contient tout ce que
la politique peut imaginer de plus

fage pour augmenter fon Commerce
& pour en affurer les progrès. Tous
les articles de ce Réglement tendent
à un feul objet, c'eft l'interdiction des
Ports Britanniques, foit en Europe
foit ailleurs, à tout Vaiffeau étranger
qui n'eft pas chargé de marchandifes
crues ou fabriquées dans fa Nation.

Si la France bien plus riche de fon
propre fonds, s'étoit conduite par les
mêmes principes, quelles richeffes
immenfes ne poffederoit-elle pas ?
Mais dans le même temps que l'Angleterre fe roidiffoit contre les obftacles, & en favoriffant la Navigation
forçoit tous fes Sujets à faire leur
Commerce par eux-mêmes ; la France
fe relâchoit de fes maximes les plus
judicieufes, & affocioit les Etrangers
aux profits de fes Sujets.

Sous le regne de Loüis XIII. on
avoit interdit l'entrée de toutes les
marchandifes qui pouvoient nuire aux
Manufactures de fon Royaume. Les
Commerçans étrangers ne pouvoient
vendre leurs effets que dans des Foi-
res ou dans de certains lieux défignés,

on prenoit des précautions pour qu'aucun François ne fut un prête-nom, & il y a même une Ordonnance de ce Prince, qui affujettit quelques Marchands étrangers à charger fur leurs Vaiffeaux des marchandifes du crû du Royaume pour la valeur de celles qu'ils y avoient vendues. La fortie des matieres premieres étoit défendue fous des peines feveres, & on en facilitoit l'entrée en diminuant les droits. Sur toutes chofes il n'étoit point permis de fréter dans les Ports du Royaume des Navires étrangers pour le tranfport des Marchandifes.

Le Commerce de la France fut interrompu pendant les longues Guerres terminées par les Traités de Weftphalie & des Pyrénées. Au lieu de ne le ranimer à la Paix, qu'en faifant des réglemens utiles à la navigation qui avoit auffi beaucoup fouffert, on leva la défenfe qui avoit été faite aux étrangers de fréter dans les Ports de France. Les denrées & les marchandifes dont le Royaume étoit furchargé, fortirent avec profufion; on crut avoir

avoir fait un coup d'Etat, mais ce bien passager produisit un mal dont on se sentira long tems. Les Commerçans s'accoutumerent à voir charger leurs marchandises sur des Vaisseaux étrangers, & à n'être que de simples Commissionnaires. Frustrés des produits du fret, leur fortune diminua ; ils acheterent moins cher les denrées & les marchandises de leurs Concitoyens, & en vendirent une moindre quantité. Il est aisé de sentir quel coup terrible cette conduite porta à la Nation ; les terres tomberent de prix ; les Manufactures furent découragées ; les Constructeurs de Navires & les Matelots devenant presque inutiles, passerent chez les Puissances voisines, & les mirent en état de profiter plus sûrement & plus long tems des fautes de la France.

La permission accordée aux étrangers de fréter dans les Ports de ce Royaume, ne devoit durer que jusqu'à ce qu'on eut construit ou acheté des Vaisseaux ; mais le Ministere voyant que les Commerçans avoient pris des arrangemens conformes à leur situation, & craignant peut-être de ne pouvoir rétablir la Navigation sans qu'il en coûtât beaucoup au Roi, on ne songea point à remettre en vigueur les anciennes Ordonnances, on confirma au contraire les abus par l'établissement du droit de fret de cinquante sols par tonneau. La balance du Commerce ne laissa pas que d'être toujours favorable à la France ; voilà ce qui trompa un Ministre moins éclairé que celui qui veille aujourd'hui sur cette branche importante de l'Etat. On en conclut que l'administration étoit judicieuse, il en falloit simplement conclure que la France a assez d'avantages naturels sur ses voisins, pour pouvoir faire impunément des fautes.

La voie la plus courte & la plus sûre d'augmenter le Commerce d'un Etat, c'est de faire fleurir sa Navigation. En vain fera-t'on les loix les plus sages pour encourager les manufactures & la culture des terres, s'il ne se trouve pas des Commerçans

toujours prêts à transporter chez les
étrangers l'excédant des denrées &
des marchandises. Une Nation qui at-
tend pour vendre qu'on vienne acheter chez elle, doit souvent se trouver
surchargée de denrées, & par conséquent négliger un travail dont elle
n'est pas recompensée. Si quelqu'un
doute de cette verité, qu'il jette les
yeux sur les Memoires de Jean de
Wit. Ce grand homme qui connoif-
soit si bien sa patrie, attribue à la
pêche des Hollandois, non pas à
cause de ses produits, mais parcequ'elle est l'ame de leur marine, toutes
les ressources qu'ils ont trouvées en
eux-mêmes pour s'affranchir de la domination Espagnole, pour conquerir
les Indes, pour former leur Commerce
& acquerir la considération dont ils
joüissent en Europe.

Après avoir parlé des avantages de
la Navigation relativement au Commerce, il ne sera pas inutile, je crois,
d'examiner en peu de mots la maxime
qui dit que celui qui est le maître de la
Mer, doit le devenir du continent

Cette efpece d'axiome fe forma il y a environ trois mille ans dans la Grece, pendant la Guerre que Xerxès y porta. Perfonne n'ignore que fous la conduite de Themiftocles les Athéniens armérent une Flote confiderable qui battit à Salamine celle du Roi de Perfe. Ce Monarque à qui il n'étoit plus poffible de faire une defcente fur les Côtes du Peloponefe, tandis que fon Armée de terre affiégeoit le détroit de Corinthe, défefpera d'affervir les Grecs. Il craignit même qu'après s'être rendus les maîtres de la Mer, ils ne lui coupaffent la retraite en rompant le Pont qu'il avoit jetté fur le Bofphore, & il fe hâta de repaffer en Afie. La Grece fut délivrée du joug qu'elle alloit fubir, & ne devant fon falut qu'à fes forces de mer, elle en connut toute l'importance.

Il étoit naturel que les Grecs regardaffent la mer qui les féparoit de l'Afie, comme une barriere contre le Roi de Perfe, & cette barriere leur devenoit inutile s'ils ne la couvroient

de leurs Vaiſſeaux. D'ailleurs la Grece n'étant compoſée que d'Iſles & de
Républiques toutes voiſines de la mer,
il falloit que l'Etat dont la Marine
étoit la plus floriſante, y exerçât une
eſpece d'empire : c'en fut aſſez pour
accréditer la maxime dont je fais l'examen.

Elle ne fut pas moins vraie pour
les Romains, dès que leur ambition
les porta à étendre leur Puiſſance au-
delà de l'Italie. Comment ces fiers
Conquérans auroient-ils pu aſſervir
les Iſles de la Méditerranée, triom-
pher de l'Eſpagne, de Carthage, de
la Grece, & affermir leur Empire ſur
l'Aſie, ſi leurs Flottes n'avoient été
ſupérieures à celles de leurs ennemis ?
Leur auroit-il été poſſible de conſerver enſuite leurs Conquêtes, ſi quelque Puiſſance, en ſe rendant maîtreſſe
de la Méditerranée, eut coupé la communication de Rome avec ſes Provinces ?

Les Romains eurent donc raiſon d'a-
dopter l'axiome politique des Grecs.
Mais cet axiome eſt-il encore vrai à

X 3

notre égard ? La situation respective des Puiffances de l'Europe eft bien différente de celle des Grecs entr'eux, ou de celle-de la République Romaine, par rapport aux pays qu'elle vouloit fubjuger au-dehors de l'Italie. En effet depuis trois fiécles que la Marine forme un objet confidérable dans l'Europe, les affaires de mer n'ont jamais décidé du fort des guerres. La prife de certaines Places & des Batailles décifives qui ont ouvert des Provinces entieres au vainqueur, voilà ce qui a fait parmi nous le deftin des Etats, & ce qui continuera à le faire, tant que par leur pofition quelques Puiffances, qui ont la principale influence dans les Affaires de l'Europe, prendront peu d'intérêt à ce qui fe paffe hors du continent.

L'empire de la mer donneroit à une Nation la Monarchie univerfelle; mais il faudroit que cet empire fut tel que celui des Romains fur la Méditerranée, & c'eft ce qui n'eft pas poffible aujourd hui que notre Navigation auffi étendue que celle des anciens étoit

bornée, éxige des dépenfes infiniment
plus confidérable , & veut des gens
fixés à cette feule profeffion. Quel Peuple peut avoir affez de Vaiffeaux & de
Matelots pour dominer fur toutes les
Mers , & , à l'exemple de la République Romaine , contraindre les autres
Etats à n'avoir qu'un certain nombre
de Navires ? Je crois au contraire que
dans la fituation préfente des chofes ,
l'empire de la terre doit conduire à
celui de la mer ; & je puis même avancer comme une vérité inconteftable
que c'eft la faute de la Nation la plus
puiffante fur terre , fi elle n'eft pas
auffi la plus puiffante fur mer.

Si la fupériorité en forces maritimes ne conduit pas à la Monarchie
univerfelle, elle procure du moins de
grandes richeffes, & met un Peuple
en état de faire fon commerce avec
un égal fuccès en temps de guerre &
en temps de paix. Une Nation qui
arme des Flottes confidérables , eft
voifine de tous les Etats ; elle peut à
fon gré s'en faire craindre, aimer &
refpecter ; & fon Alliance étant pré-

férée à celle d'un Peuple plus puissant en lui-même, elle fera souvent un rôle plus important dans les Affaires de l'Europe.

Avant que Christophe Colomb eut découvert l'Amérique, & que les Pilotes de Lisbonne eussent doublé le Cap de Bonne-Esperance, les Portugais s'étoient déja fait de riches établissemens sur toutes les côtes d'Afrique, qui s'étendent depuis le Royaume de Gualata jusqu'au pays des Cafres. En pénétrant aux Indes, ils bâtirent des Forts dans le Royaume de Soffala, sur les côtes de Zanguebar & d'Aian, & s'emparérent de l'Isle de Mosambique. Ils sont restés les maîtres de ces dernieres Conquêtes, qui leur ouvrent le riche commerce du Monomotapa & de l'Abissinie; mais ils ont été obligés de souffrir que d'autres Européens eussent des Forts & des Comptoirs dans la Guinée & le Congo.

L'Afrique, dont nous ne connoissons point l'intérieur, est habitée par des Nations barbares & plongées dans l'ignorance la plus monftrueufe. Le commerce qu'on y fait eft d'autant plus avantageux, qu'en échange de nos vins, de nos eaux-de-vie, des étoffes de foye & de laine, des toiles & des ouvrages de quincaillerie de nos Manufactures, on en rapporte des gommes néceffaires à nos teintures, des drogues, des cuirs, de la cire, de l'yvoire, de l'ébaine, de l'or, de l'argent & des Efclaves.

Quelques richeffes que la Guinée, le Monomotapa & les Royaumes de Soffala & de Zanguebar répandent parmi nous, l'Afrique nous eft encore plus utile par le trafic des Négres qu'elle fait depuis la riviere de Senega, jufqu'à Benguela-Nova. Sans les Efclaves que les Européens y achettent, & qu'ils tranfportent en Amérique, ils feroient obligés d'abandonner les Provinces qu'ils poffedent dans ce nouveau Monde. Ce font les Négres feuls qui travaillent à l'exploitation des mines, à la culture des terres, à la fabrique des fucres & des tabacs, & qui font par conféquent l'ame du plus riche commerce de l'Europe.

Nous négligeons un des plus grands avantages que nous offre la vente des Négres. Plusieurs Etats manquent d'hommes pour la culture des terres, & pour le travail des Manufactures ; les plus peuplés mêmes n'ont point cette heureuse abondance d'habitans qui produit les talens, & qui les encourage. Pourquoi donc les Princes d'Europe ne permettent-ils pas à leurs sujets d'acheter des Esclaves en Afrique ? Quel que fut le fort de ces malheureux, il seroit bien moins dur ici que dans les Indes Occidentales. En les dévoüant aux fonctions les plus pénibles & les plus basses de la société, ils ne feroient que ce que font aujourd'hui des hommes libres, & les Citoyens en leur abandonnant une partie de leurs emplois, serviroient plus utilement l'Etat dans une autre classe.

Je ne m'arrêterai point à réfuter ce qu'on a dit contre l'esclavage. Puisque la morale l'autorise dans les Colonies d'Amérique, elle doit le permettre

parmi nous, dès que la politique qui
en connoît l'utilité, voudra en établir,
l'usage. Qu'on ne pense point aussi que
ce soit dégrader l'humanité que d'a-
voir des Esclaves; la liberté dont chaque Européen croit joüir, n'est autre
chose que le pouvoir de rompre sa
chaîne pour se donner à un nouveau
maître. Le besoin y fait des Esclaves,
& ils sont d'autant plus malheureux,
qu'aucune loi ne pourvoit à leur sub-
sistance. Ce qui avilit véritablement
les hommes, c'est la mendicité, & elle
n'est nécessaire que chez les peuples
où il n'y a que des hommes libres.

Je ne finirai point cet article sans
indiquer une partie des avantages que
le commerce des Négres produiroit
en France, & l'on pourra appliquer
mes remarques à la plûpart des autres
Etats. Il est certain que les Commerçans François prenant des Esclaves
de Guinée en échange des denrées &
des Marchandises de leur Pays comme
vins, eaux-de-vie, toiles, & étoffes
de soye & de laine, &c. ne travaille-
roient pas moins pour les Agriculteurs

que pour les Manufacturiers. En second lieu la vente qu'ils feroient de
leurs Negres à leur retour, ouvriroit
une nouvelle voye à la circulation ;
elle multiplieroit les contrats de vente
& par conséquent les profits des Sujets, parceque tout marché suppose
un avantage pour l'Acquereur & pour
le Vendeur. Le commerce des Esclaves produiroit une nouvelle richesse
dans l'Etat. On sçait que les Africains
sont robustes, adroits & intelligens ;
leurs Maîtres mettroient à profit ces
qualités, & s'en feroient un revenu
en leur faisant apprendre des métiers.
Il résulteroit de-là deux grands biens,
l'un que les arts ne fleuriroient plus
aux dépens de l'agriculture à laquelle
ils enlevent toujours des hommes nécessaires ; l'autre que les Manufactures
donnant leurs marchandises à un prix
plus bas qu'elles ne sont aujourd'hui,
soulageroient le peuple & étendroient
leur débit.

Il n'est pas possible de calculer tous
les avantages que l'établissement des
esclaves Negres produiroit en France.

Que de terres aujourd'hui en friche recommenceroient à être cultivées! Que d'entreprises que la dépense rend impossibles, deviendroient aisées! Je n'entre dans aucun détail; je crains même de ne m'être que trop arrêté sur un projet qu'on ne regardera peut-être que comme une chimere, quoiqu'il dût augmenter le nombre des Sujets du Roi de France, & sur tout le produit de ses revenus.

C'est en 1498. que les Portugais, après avoir surmonté tous les obstacles qui leur fermoient l'entrée des Indes, aborderent aux Côtes Malabares. Ce n'étoit rien que d'avoir échappé aux dangers de cette navigation; il s'agissoit de déposséder les Arabes du commerce de l'Asie dont ils étoient les maîtres; il falloit conquérir des établissemens & les conserver, intimider & flater les Indiens; & pour tout dire en un mot, inspirer de la confiance en faisant des conquêtes. Le courage & la prudence des Portugais en vinrent à bout. Ils bâtirent des Forteresses dans les lieux les plus favorables à leurs vûes, apprivoiserent les Habitans de quelques Cantons, se firent craindre de quelques autres, & dominerent enfin sur les Mers des Indes.

Le Portugal joüiroit peut-être encore du fruit de ses travaux, s'il ne fut devenu une Province de la Monarchie Espagnole après la mort du Roi Henri. Obligé de prendre part aux guerres opiniâtres que la révolte des Pays-Bas avoit excitées, tous ses Ports furent fermés aux Hollandois, & dans leur désespoir ces Républicains naissans tenterent d'aller eux-mêmes chercher aux Indes les marchandises qu'on ne vouloit pas leur vendre à Lisbonne : exemple qui fut bientôt suivi par d'autres Nations.

Ils trouverent les Indiens dans les dispositions les plus favorables à les recevoir, on les regarda comme des Libérateurs. La révolution fut prompte, les Hollandois conquirent les Isles Moluques, & sans parler des autres Etablissemens qu'ils se formerent dans les Indes, il me suffira de remarquer

qu'ils s'y étoient déja rendus si puis-
fans en 1609. que Philippe III. qui
défefperoit de les chaffer de leurs
Conquêtes, leur permit, en traitant
avec eux, de continuer le commerce
dans toutes les Mers & fur toutes les
Côtes où ils l'avoient porté jufques
alors. La guerre recommença en 1621,
& les Portugais continuerent à éprouver la fupériorité de leurs ennemis
jufqu'en 1640. qu'ils fecouerent le
joug des Efpagnols, & proclamerent
le Duc de Bragance pour leur Roi.

N'étant ennemis des Provinces-
Unies que parcequ'ils avoient été Sujets du Roi d'Efpagne, ils fe hâterent
de demander l'amitié des Hollandois;
mais au lieu d'une paix ftable ils n'obtinrent qu'une treve de dix ans, pendant laquelle chaque Contractant devoit refter en poffeffion des Etats qu'il
occupoit aux Indes. Il étoit difficile
que les conditions de ce Traité fuffent
fidellement obfervées. Les Hollandois
s'étoient accoûtumés à regarder l'Afie
comme leur Domaine; ils devoient
craindre que leurem pire n'y fût point

affermi, tant que le Portugal pourroit se flater de le partager ; & il étoit important de multiplier leurs Comptoirs & leurs Forts avant que les Anglois & les François, dont le crédit augmentoit tous les jours dans les Indes, y euffent des Etabliffemens folides. Les circonftances étoient les plus heureufes pour confommer leur ouvrage ; il falloit ne point laiffer refroidir la haine que les Indiens portoient aux Portugais, & d'ailleurs il n'étoit pas vraifemblable que ceux-ci occupés de leur liberté & de leur nouveau Roi, se livraffent à d'autres foins. Cependant la Cour de Lifbonne ne put voir l'infidélité des Hollandois fans éclater. Elle leur déclara la guerre, fes fuccès ne lui laifferent rien à defirer dans le Brefil ; mais elle acheva de perdre prefque tous les Etabliffemens qu'elle poffédoit dans les Indes ; & les Hollandois élevés fur fes ruines, y ont toujours été depuis la Puiffance la plus confidérable.

Le commerce que les Européens font dans ces riches Contrées, eft
ruineux

ruineux par lui-même. Nous y allons chercher des étoffes de foye, des toilles de cotton, des épiceries, des porcelaines, &c. mais comme ce n'eft point en échange de nos marchandifes que les Indiens nous donnent les leurs, il en naît deux maux confidé-rables : l'un que nous nuifons aux pro-grès de nos Manufactures, l'autre que nous nous privons chaque année d'une grande partie de notre or & de notre argent qui s'accumule dans les Indes, fans jamais en refluer. Il eft vraifem-blable que l'Europe à la fin épuifée, auroit appris à fe paffer des fuperfluités de l'Afie ; mais l'Amérique, qui par un effet fingulier de la fortune, a été découverte à peu près dans le même tems que les Portugais doublerent le Cap de Bonne-Efpérance, nous en-voye beaucoup plus d'or & d'argent que nous n'en tranfportons aux Indes, & nous met en état de fatisfaire che-rement notre luxe.

Ce Commerce feroit bien-tôt ré-duit à peu de chofe, & deviendroit même à charge aux Etats qui le font aujourd'hui avec le plus de fuccès, fi toutes les Nations de l'Europe vouloient trafiquer directement aux Indes ; où que celles qui ne peuvent point y envoyer leurs Vaiffeaux, foit parcequ'elles manquent de fonds, foit parcequ'elles ont renoncé à ce privilége par quelque Traité, puffent s'interdire l'ufage des Marchandifes de l'Afie. Il paroît au premier coup d'œil qu'elles ne devroient point balancer à prendre l'un ou l'autre de ces deux partis, pour faire elles-mêmes le profit qu'on fait fur elles, en leur revendant ce dont elles ont befoin, ou pour profcrire un luxe qui doit les épuifer peu à peu. Mais qu'on y faffe attention, il eft de l'intérêt de plufieurs peuples de fe fervir des Marchandifes des Indes, quoiqu'ils ne les ayent pas de la premiere main ; parcequ'ils les achetent à meilleur marché que celles des Manufactures de leurs Voifins, dont ils ne pourroient plus fe paffer. En fecond lieu, fi chaque Etat à qui elles font néceffaires, tentoit d'en faire le Commerce par lui-même, il

fe verroit fruftré de fes efpérances.
Les frais abforberoient les profits, &
les Marchandifes de l'Afie lui reviendroient plus cher qu'en les prenant
dans les Magafins des Hollandois, des
François ou des Anglois.

Les Puiffances qui fe font emparées
de tout le trafic des Indes Orientales,
s'oppoferont toujours à ce que quelque autre le partage avec elles. Je ne
crois pas cependant qu'elles duffent
regarder comme un malheur une révolution qui feroit entiérement tomber ce Commerce. Il eft vrai qu'une
des fources de leurs richeffes tariroit,
mais les autres en deviendroient plus
abondantes. Moins les Anglois, les
François, les Hollandois, &c. reven-
droient de Marchandifes des Indes,
plus ils débiteroient des leurs; & les
profits qu'ils feroient de ce côté-là,
les dédommageroient abondamment
des pertes qu'ils fouffriroient de l'autre.

Je ne parlerai point ici des différentes Compagnies qui commercent
aux Indes. Je remarquerai feulement

que les Hollandois ont dans ces vaſtes pays beaucoup d'avantages ſur tous les autres Européens. Independamment des Places qu'ils poſſédent dans les ſituations les plus favorables de l'Inde & ſur les Côtes de la Chine, le Japon eſt ouvert à eux ſeuls. Ils ſe ſont rendus ſi puiſſans dans ces Mers, que tout le Commerce de Port en Port ſe fait par leurs Vaiſſeaux. Ils ſont les maîtres de tous les pays où croiſſent la canelle, la muſcade & le clou ; & ces Epiceries, d'un uſage encore plus ordinaire en Aſie qu'en Europe, leur tiennent lieu de l'or & de l'argent dont les François & les Anglois ont beſoin pour faire leurs achats.

Ce que j'ai dit du Commerce des Indes, on doit l'entendre de celui de la Perſe & de la Chine. A ce propos je ne dois pas oublier les grands projets du Czar Pierre I. Ce Prince avoit médité d'établir par la mer Caſpienne un Commerce avec les Provinces du Nord de la Perſe, & de former un Magazin général à Aſtrakan, d'où

l'on tranfporteroit les Marchandifes à
Peterfbourg par le Wolga, & avec le
fecours de quelques Canaux qui com-
muniqueroient de cette riviere à celle
de Wolchoiva. Suivant des vûës encore plus étendues, il fongeoit à lier
une correfpondance entre fa Capitale
& Pekin. Il faut l'avouer, on ne peut
imaginer des deffeins plus grands ni
plus beaux ; mais eft-il poffible de les
exécuter ?

S'il faut s'en rapporter aux Mémoi-
res que des perfonnes inftruites ont
compofés fur ce fujet, la communication eft aifée entre Peterfbourg & Af-
trakan. On tranfporte à peu de frais
de la derniere de ces Places dans la
premiere toutes les richeffes des Provinces voifines de la mer Cafpienne ;
c'eft-à-dire des foyes, des couleurs
pour les Teinturiers & pour les Pein-
tres, des drogues à l'ufage de la Mé-
decine, comme de la rhubarbe, du
fené, &c. & les Ruffes pourroient
faire un débit d'autant plus confidérable de ces Marchandifes, qu'ils les
donneroient à meilleur marché que les

Commerçans de Smirne & de Conſ-
ſtantinople, qui les revendent pour le
compte des Arméniens. On ne peut
au contraire regarder que comme une
chimere, le projet de commercer par
terre de Moſcou à Pekin. Le trajet de
l'une de ſes Villes à l'autre eſt immenſe. Il faudroit traverſer des deſerts ou
des pays habités par des Peuples Barbares. Quel négoce eſt aſſez lucratif
pour fournir aux dépenſes des Cara-
vannes qui tranſporteroient en Moſ-
covie les marchandiſes de la Chine?

L'Amérique fait véritablement la
richeſſe des Européens. C'eſt-là qu'ils
trouvent un débit prompt & ſûr de
toutes leurs denrées & de toutes leurs
marchandiſes; elles ſont payées en
argent comptant, ou échangées contre du Cacao, de l'Indigo, de la Co-
chenille, ou d'autres effets précieux.
Nous ne permettons point aux Américains de cultiver nos arts & de ſe
paſſer de nous. Plus leur Pays, dont
nous ne connoiſſons gueres que les
côtes & les bords des grandes Rivieres, ſe policera, plus le commerce

de l'Europe s'étendra. Dès aujour-
d'hui même il feroit beaucoup plus
avantageux, fi les Peuples qui ont des
Colonies en Amérique, fe condui-
foient par des principes plus fages.

Les Efpagnols poffedent les plus
riches Provinces de l'Amérique. Maîtres de tout l'or & de tout l'argent du
Nouveau Monde, ils fe feroient vûs
en état de faire la loi à l'Europe, fi
au lieu de vouloir poffeder le Mexique, le Perou & le Chily comme
autant de Domaines, ils n'y euffent
formé que des Etabliffemens qui leur
auroient mis entre les mains tout le
commerce de ces Royaumes. L'Efpagne extrêmement peuplée avant les
expéditions de Cortez & de Pifaro,
s'eft affoiblie pour conquérir & pour
conferver fes poffeffions d'Amérique.
Ses Sujets pafferent en foule dans des
Pays où la fortune prodiguoit fes faveurs. La Cour de Madrid favorifa
elle-même ces tranfmigrations ; mais
elle fentit enfin que la Caftille, l'Ar-
ragon, &c. bien peuplés étoient un
tréfor plus précieux que les mines du
Perou & du Chily.

En effet les Campagnes furent abandonnées en Efpagne, les Manufactures tomberent, & les Arts cefférent d'être cultivés. Dans cette fituation à quoi fervoient aux Efpagnols leurs poffeffions d'Amérique ? Ils n'en purent plus faire le Commerce ; les Anglois, les François & les Italiens le firent fous leur nom, & de tout l'argent qui arriva à Cadix, il ne refta en Efpagne que les fommes que le Roi y léve pour fon droit d'Indult, & les honoraires que les Etrangers laiffent aux naturels du pays qui leur prêtent leur nom pour commercer. Mais remarquez que tout cet argent & les fommes qui viennent encore à Madrid par d'autres voyes que celles du négoce, peuvent à peine fuffire pour payer les denrées & les Marchandifes étrangeres que les Efpagnols confument, & dont ils ne peuvent fe paffer.

On dit ordinairement que c'eft un bonheur pour l'Europe que le Mexique, le Perou, le Chily, &c. foient poffédés par une Nation oifive & pareffeufe.

resseuse : c'est une vérité incontesta-
ble. Mais on ajoûte que si un Peuple
actif & laborieux, tel que les François, les Anglois ou les Hollandois,
faisoit la conquête de ces Royaumes,
il en profiteroit pour s'emparer de
toutes les richesses de l'ancien & du
nouveau Monde ; & qu'établissant sa
grandeur sur ce fondement, il subju-
gueroit bientôt ses Voisins.

Il s'en faut beaucoup que je pense
ainsi. Premiérement ce seroit une entreprise folle que de vouloir conquérir les Etats que l'Espagne posséde
dans le continent de l'Amérique ; un
sçavant Ecrivain, feu M. l'Abbé du
Bos, a prouvé cette proposition d'une
maniere qui ne laisse rien à désirer. En
second lieu je suppose que cette conquête soit faite, je consens que les Espagnols soient chassés de toutes leurs
Places maritimes, que pour s'y maintenir le vainqueur ait pénétré dans
l'intérieur du pays , & qu'enfin les
Américains soient soumis. Dans cette
supposition même les personnes qui
ont quelque connoissance du Gouver-

nement des Espagnols dans le nouveau
Monde, de l'état de leurs forces & de
la nature du pays, conviendront que
cette entreprise aura coûté prodigieu-
sement à la nation victorieuse. Il faudra encore que pour imposer aux vain-
cus, & ne craindre aucun revers dans
son nouvel Empire, elle y envoye au
moins autant de forces que les Espagnols y en ont actuellement. Or je
demande quelle Puissance ne seroit
point épuisée par de pareils succès ?
La conquête des Indes Espagnoles
ruinera donc le peuple qui l'aura faite ; elle n'apporteroit donc aucun
changement dans les Affaires de l'Europe. Car peu importe aux Etats commerçans que le Perou, le Mexique,
le Chily, &c. soient entre les mains
des Espagnols ou de quelqu'autre Nation, pourvû que celle qui possédera
ces Provinces, soit affoiblie au point
de ne pouvoir en faire le Commerce
par elle-même.

Ce qui causeroit une révolution
singuliere parmi nous, c'est si l'Amérique secoüoit le joug de l'Espagne,

pour se gouverner par ses loix. Il est
vrai-semblable que les rebelles, dans
la vûe d'intéresser les Européens à ne
fournir aucun secours contr'eux à la
Cour de Madrid , leur ouvriroient
tous leurs Ports, & leur prodigue-
roient leurs richesses; mais cette pros-
périté ne seroit que passagere. Les
Américains auroient bientôt nos Arts,
nos Manufactures; leur terre produiroit bientôt nos fruits , & par conséquent n'ayant plus besoin de nos marchandises ni de nos denrées , l'Europe retomberoit à peu près dans le
même état d'indigence où elle étoit il
y a quatre siécles.

Heureusement rien ne nous laisse
entrevoir les causes d'un pareil événe-
ment. L'empire des Espagnols, aussi
bons maîtres aujourd'hui qu'ils ont été
autrefois terribles vainqueurs, est affermi sur les naturels du pays. L'es-
prit & les mœurs Espagnoles ont passé
en Amérique, & le Gouvernement de
Madrid est établi de telle façon qu'un
Viceroi des Indes ne doit pas penser
à se rendre indépendant, quand même

Z 2

la nature lui auroit donné l'ambition
& tous les talens, avec lesquels Sylla,
Céfar, Cromwel, &c. ufurpérent le
pouvoir fouverain dans leur patrie.
L'Amérique a toujours été attachée à
fon devoir pendant la Guerre de 1701.
S'il y eut eu dans ces vaftes Royaumes
des femences de révoltes, il n'eft pas
douteux qu'elles n'euffent germé dans
un temps que deux Princes fe difpu-
toient la fucceffion de Charles II. &
qu'aucun d'eux ne jouiffoit d'une autorité abfolue. L'Inquifition eft encore
un puiffant obftacle aux révolutions ;
elle accoutume les efprits à penfer
toujours de même ; elle les réunit par
une même Croyance ; & dans une
Monarchie telle que l'Efpagne, où le
Prince tient entre fes mains toutes les
forces de l'Etat, les divifions & les
troubles ne peuvent naître que de la
diverfité des fentimens fur la Religion.
Qui peut affurer que fi les erreurs de
Luther, de Calvin ou de quelque autre Chef de parti venoient à fe gliffer
en Efpagne, elles ne fuffent fuivies
des mêmes maux qu'elles ont produits

autrefois dans l'Empire & dans la France, & ne caufaffent même des démembremens funeftes à toute l'Europe.

L'Efpagne paroît à l'abri de toute révolution, & la forme de fon Gouvernement à cet égard ne laiffe rien à défirer. Mais l'empire de la fortune eft bien étendu, & la prudence des hommes peut-elle fe flater de prévoir & de vaincre tous fes caprices ? Il furvient quelquefois au Corps politique des maladies imprévûes, & dont aucun remede ne peut arrêter les progrès rapides. L'Hiftoire offre mille événemens peut-être plus extraordinaires que la Révolution dont je parle. Peu s'en eft fallu que nous n'en ayons été nous-mêmes les témoins, s'il eft vrai que dans les défaftres de la Guerre de 1701. Philippe V. ait déliberé d'abandonner l'Efpagne à fon Concurrent, & de paffer avec fa Cour aux Indes Occidentales, pour y établir le Siége d'un nouvel Empire.

Quelque briévement que j'aye parlé du Commerce, on doit fentir qu'il forme un objet trop confidérable dans l'Europe, pour qu'il n'ait pas été néceffaire de le foumettre à des loix. Cette matiere eft d'une étendue immenfe. Je ne parlerai point ici de certaines Conventions peu importantes, qui ne peuvent caufer que des procès entre des particuliers, & dont la connoiffance ne regarde que les Juges de l'Amirauté. Mais après avoir parlé en détail de tout ce qui concerne le Droit commun des Nations fur Mer, & des conditions générales qui fervent de bafe à tous les Traités de Navigation & de Commerce, je rapporterai les engagemens réciproques que les Puiffances de l'Europe ont contractés.

CONVENTIONS GENERALES,

Touchant la Navigation & le Commerce.

Les Navires Marchands obligés par la tempête ou par quelque autre accident, de relâcher dans un Port, ne payent les droits que pour les mar--

chandifes qu'ils mettent à terre, & ils font libres de ne décharger que celles qu'ils jugent à propos. A l'égard des vaiffeaux de guerre, il eft d'ufage de regler le nombre de ceux qui peuvent entrer dans un Port, & ce nombre eft ordinairement de fix vaiffeaux. Cependant fi une Efcadre plus confidérable eft obligée, pour quelque raifon importante, de chercher un azile, elle doit-faire fçavoir au Gouverneur de la Place où elle veut aborder, la caufe de fon arrivée, & le temps qu'elle compte féjourner.

On ne peut arrêter les Marchands, les Maîtres de navires, les Pilotes, les Matelots, ni faifir leurs vaiffeaux & leurs marchandifes, foit en vertu de quelque mandement général ou particulier, pour quelque caufe que ce foit, de guerre ou autrement, ni même fous prétexte de s'en fervir pour la défenfe du Pays. On excepte cependant les faifies & arrêts de Juftice faits par les voies ordinaires pour dettes, obligations & contrats légitimes.

En cas de guerre il eft permis de

commercer avec les Puiſſances belligérantes, pourvû qu'on ne leur porte
point de marchandiſes de contrebande; ſous ce nom on comprend tout ce
qui ſert à l'uſage de la guerre ſoit of-
fenſive, ſoit défenſive, mais non pas
les choſes néceſſaires à la ſubſtantation
de la vie. En général tout commerce,
quel qu'il puiſſe être, eſt défendu avec
une Place qui eſt aſſiégée ou bloquée.

Un vaiſſeau ne doit point ſe mettre
en Mer, qu'il ne ſoit muni de lettres
& de certificats qui faſſent connoître
ſon nom & ſon port, le nom du domi-
cile de ſon Maître ou de ſon Capîtaine,
les eſpeces de ſa charge, le Pays d'où
il eſt parti, & celui pour lequel il eſt
deſtiné, afin qu'on puiſſe juger s'il ne
porte point de marchandiſes confiſca-
bles, & de prévenir les fraudes des
prêtes-nom. On convient ordinairement de la forme dans laquelle ſont
faites ces lettres de Mer, & des perſonnes qui doivent les délivrer.

Dans le cas qu'un vaiſſeau en veüille
viſiter un autre, il ne lui eſt permis
d'en approcher qu'à une certaine dif-

tance , par exemple à la portée du canon ; il envoye alors fa chaloupe pour faire la vifite. On ajoute foi aux lettres de Mer préfentées par le Maître du navire. Si l'on trouve à bord des marchandifes de contrebande , on les confifque fans toucher au refte de la charge , à moins que le Capitaine du vaiffeau n'ait jetté fes papiers à la mer , ou qu'il n'ait refufé d'amener fes voiles.

Dans le tems que les Provinces-Unies faifoient la guerre à l'Efpagne pour en fecoüer le joug , elles publie-rent une Ordonnance , par laquelle elles déclaroient que tout vaiffeau qui feroit pris faifant voile pour quelque Port du Royaume d'Efpagne , feroit de bonne prife. Perfonne ne fe plai-gnit de cette conduite , foit parceque les Puiffances les plus confidérables de la Chrétienté étoient en guerre contre l'Efpagne , foit parceque les vaiffeaux des Etats Généraux conti-nuerent à refpecter les Navires des Nations qui étoient en état de fe ven-ger des violences qu'on auroit exer-

cées fur elles. Le 22. Août 1689.
l'Angleterre & les Provinces-Unies
fignerent un Traité à Wittehal, par
lequel elles conviennent de notifier
à tous les Etats qui n'étoient pas en
guerre avec la France, qu'elles atta-
queront, & déclarent d'avance de
bonne prife, tout vaiffeau deftiné
pour un des Ports de ce Royaume,
ou qui en fortira. Les Puiffances neutres trouverent ce Traité contraire à
tous les ufages établis. La Suede & le
Dannemarc fur qui l'on fit quelques
prifes, s'en plaignirent d'abord inutilement; mais s'étant enfin ligués le 17.
Mars 1693. pour obtenir une prompte
& jufte fatisfaction, ils alloient éclater, lorfqu'on leur accorda les reftitu-
tions qu'ils demandoient.

Il eft défendu de fe faifir des marchandifes de contrebande chargées fur
un navire, avant que l'inventaire en
ait été fait par les Juges de l'Amirauté;
à moins que le Patron ne confente à
les livrer pour continuer fa route.

Une Nation eft en droit de confif-
quer tous les effets d'une Puiffance

neutre qui se trouvent sur un Navire
ennemi, si le chargement n'a pas été
fait avant la Déclaration de la Guerre,
ou dans de certains termes dont on est
convenu. Ces termes sont de quatre
semaines pour la mer Baltique & pour
la mer du Nord, depuis Terre-neuve
en Norvege, jusqu'au bout de la Manche ; de six semaines, depuis la Manche jusqu'au Cap Saint Vincent ; de-là
dans la Méditerranée, & jusqu'à la
ligne de dix semaines, & de huit mois
au-delà de la ligne. C'est ainsi que
contractent ordinairement la France,
l'Angleterre, l'Espagne, les Provinces-Unies & les Villes Anséatiques.
Les Puissances du Nord assignent d'autres termes dans les Traités qu'elles
font ensemble, & toute la différence
consiste en huit, douze ou quinze jours
de plus ou de moins, suivant la distan-
ce des Mers dont il s'agit.

Cependant si un chargement fait
avant la Déclaration de la Guerre ou
dans les termes prescrits, contient des
Marchandises de contrebande, il est
permis de s'en saisir en payant leur

jufte valeur, ou bien le Maître du Navire fe chargera d'apporter un Certi-
ficat, pour prouver qu'il ne les aura
pas débarquées dans un pays ennemi.

Les Peuples qui font entr'eux des
Traités de Commerce, s'accordent
toujours la liberté de porter refpectivement les uns chez les autres toutes
les Marchandifes qui ne font pas pro-
hibées par les Loix de l'Etat, avec
claufe de confifcation pour les autres.
Les Commerçans font protégés, &
afin qu'on ne leur faffe aucune mau-
vaife difficulté, il doit y avoir dans les
Bureaux des Doüanes des Tarifs pour
tous les Droits d'entrée ou de fortie.
On leur accorde la liberté de confcience; ils font libres de fe fervir de tels
Avocats, Procureurs, Notaires, Sol-
liciteurs & Facteurs que bon leur
femble. Ils tiennent leurs Livres de
Compte & de Commerce dans la Lan-
gue qu'ils jugent à propos, & s'il étoit
néceffaire de les produire en Juftice,
pour décider de quelque Procès, le
Juge ne peut prendre connoiffance

que des articles qui regardent l'Affaire contestée, ou de ceux qui doivent établir la foi de ces Livres.

Un Prince s'engage toujours de défendre, fous les plus grieves peines, à tous fes fujets, de prendre des Commiffions, ou des Lettres de repréfailles, de quelque Etat ennemi de la Puiffance avec laquelle il traite. Il promet même de n'accorder des Lettres de repréfailles qu'en cas de deni de Juftice; & ce deni ne fera point tenu pour conftaté fi la Requête de celui qui demande les repréfailles n'eft communiquée au Miniftre qui fe trouvera fur les lieux de la part du Prince, contre les fujets duquel elles doivent être accordées, afin qu'il puiffe fe juftifier ou donner une jufte fatisfaction dans l'efpace de tel ou tel tems. Les injures & les dommages que quelques particuliers peuvent fe faire contre la teneur des Traités, n'en diminuent point la force. On punira févérement l'infracteur, & il fera obligé à réparer les torts qu'il aura caufés. En cas de rupture on convient auffi que les fujets des Parties contractantes auront un certain temps fixe après la Déclaration de Guerre, pour se retirer & transporter leurs effets où bon leur semblera, s'ils n'aiment mieux les vendre. Jusqu'à l'expiration du terme convenu, ils doivent joüir d'une liberté entiere.

Si un Vaisseau échoüe sur les Côtes, tout ce qu'on en sauvera, sera rendu aux Proprietaires, pourvû qu'ils payent les frais du sauvement, & que leur reclamation soit faite dans l'an & un jour. On s'engage à ne recevoir dans ses Ports aucun Pirate. Enfin, il est assez ordinaire que les Maîtres d'un Navire armé en guerre & en course, donnent avant leur départ une Caution qui réponde des contraventions qu'ils pourroient faire aux Traités.

ENGAGEMENS RESPECTIFS
des Puissances Commerçantes.

Parmi les engagemens que les Puissances de l'Europe contractent par

rapport au Commerce, il en faut dif-
tinguer de deux fortes. Les uns, qui
ne font point pris pour un temps li-
mité, font des loix qui ne peuvent
être abrogées que par le confentement
mutuel des Princes ou des Etats qui
s'y font foumis ; je commencerai par
rendre compte de ceux-là. Les autres
ne font que des conventions particulieres faites pour un certain nombre
d'années, & qui perdent toute leur
force, fi, à l'expiration du terme
prefcrit, on ne les fait revivre par
un nouveau Traité ; je ferai auffi
un article à part des engagemens de
cette feconde efpece qui font actuellement en vigueur ou qui l'étoient
avant la Guerre préfente.

ARTICLE PREMIER.

PORTUGAL,

Relativement à l'Angleterre, aux Provinces-Unies, à l'Espagne, à la France.

LEs Sujets de la Couronne d'Angleterre & du Royaume de Portugal seront traités respectivement les uns chez les autres comme les naturels mêmes du Pays. Ils joüiront de tous les Priviléges & de toutes les franchises qu'on accordera dans la suite à la Nation la plus favorisée. Les Anglois feront le Commerce de toutes sortes de marchandises dans les Provinces que le Roi de Portugal possede en Europe. *T. de Londres conclu le 29 Janvier, ou, selon d'autres, le 29 Novembre 1642. entre l'Angleterre & le Portugal, art. 3. 4. & 15.* Ce Traité, comme on le voit par sa date, fut fait peu de temps

aprè

après que les Portugais eurent fecoué le joug des Efpagnols. Si l'union de leur Couronne à celle de Caftille, leur fit perdre une grande partie des Etabliffemens qu'ils avoient conquis dans les deux Indes & en Afrique; on peut dire que la révolution qui porta la Maifon de Bragance fur le Trône, acheva de ruiner leur Commerce. Pour fe faire des amis, la Cour de Lifbonne fit des Traités contraires à fes intérêts, & fes Alliés abufant enfuite de l'embarras où elle fe trouvoit, ne fe faifoient aucun fcrupule d'étendre leurs Priviléges beaucoup au de-là des bornes dont ils étoient convenus.

Les papiers, comptes, marchandifes & autres effets des Sujets de la Couronne d'Angleterre décedés dans lés Etats de Portugal, ne feront point faifis par les Juges des orphelins & des abfens; mais on les remettra à des Facteurs ou Marchands qui les rendront aux légitimes héritiers, ou à ceux qui auront droit fur ces biens. *T. de Londres, art.* 9.

Tome II.   A a

Les Anglois, par ce mot il faut entendre tous les Sujets du Roi d'Angleterre, à l'exception de ceux qui font établis dans les Colonies Angloises, continueront à commercer librement dans les Terres, Places, Châteaux, Ports & Côtes d'Afrique, Guinée, Bine, l'Isle S. Thomas, &c. où il fera prouvé qu'ils auront fait le trafic du temps des Rois de Castille & jusqu'à présent, & ils n'y payeront pas de plus fortes Doüanes que les Alliés du Portugal. *T. de Londres*, *art.* 13.

Il est permis aux Anglois de continuer leur Commerce avec les Puissances ennemies des Portugais, & même de leur porter des armes & des munitions de guerre, pourvû qu'ils ne les tirent pas de quelque Port de Portugal. Les Portugais joüiront du même avantage à l'égard des Ennemis de l'Angleterre. *T. de Londres*, *art.* 11.

Les Anglois ne feront point molestés pour cause de Religion sur les Terres de sa Majesté Portugaise, mais

ils s'y comporteront avec prudence
& retenuë. En cas qu'il furvint quelque rupture entre les deux Contractans, on ne faifira ni la perfonne ni
les biens des Commerçans. De part
& d'autre ils auront deux ans pour
vendre leurs effets ou les retirer, &
fe tranfporter où bon leur femblera.
T. de Londres, art. 17. & 18.

Les Sujets des Provinces-Unies
joüiront dans toute l'étenduë du Portugal des droits & priviléges qui ont
été accordés aux Anglois, ou qui le
feront dans la fuite par quelque Traité,
ou en vertu de quelque ufage que ce
puiffe être. *T. de la Haye du 6. Août*
1661. entre le Portugal & les Pro-
vinces-Unies, art. 3. J'ai déja parlé
de ce Traité dans le troifiéme Chapitre de cet Ouvrage; il termina la
guerre que les Hollandois déclarent
au Portugal, après avoir été chaffés
du Brefil.

Les Provinces-Unies feront libres
de faire toute forte de commerce dans
le Brefil, à l'exception du bois qui en
porte le nom. *T. de la Haye, art. 3.*

Le bois de Brefil appartient au Roi de Portugal qui en fait feul le commerce, & dont il retire tous les ans près de 400. mille livres. Le négoce du Brefil fe fait aujourd'hui par des vaiffeaux Portugais. Il n'eft pas permis aux Etrangers d'y envoyer leurs navires, & la Cour de Lifbonne ne peut même plus leur en donner le privilége, depuis le Traité de paix qu'elle a conclu à Utrecht (en 1715.) avec l'Efpagne. Les Européens qui veulent faire paffer leurs marchandifes à la Baye de tous les Saints, à Pernambouc ou à Rio-Janeiro, font obligés de les charger dans les Ports de Lifbonne ou de Porto, & d'emprunter le nom de quelque Commerçant Portugais.

Les Hollandois fe font vû enlever fans chagrin la liberté de commercer directement avec le Brefil fans paffer par le Portugal ; ils n'y trouvoient aucun avantage, non feulement à caufe de la longueur du voyage qui dure ordinairement une année, mais auffi parceque le fret qu'on paye à Lifbon-

ne & à Porto pour le paſſage des marchandiſes dans le Breſil, eſt peu de
choſe. Les Portugais ne donnent que
des gages très-modiques à leurs Matelots, & ils vivent ſur Mer avec une
extrême ſobriété, ce qui les met en
état de débiter leurs marchandiſes à
bien meilleur marché dans leurs Colonies, que ne le pourroient faire les
Etrangers.

Le Roi de Portugal conſent que
les Hollandois commercent dans toutes les Places d'Afrique, où les Anglois ont étendu leur trafic. Il leur
ſera permis de s'y établir, d'y avoir
des maiſons & des magaſins. *T. de la
Haye, art.* 4.

Les Hollandois feront le commerce de toutes ſortes de marchandiſes
dans le Royaume de Portugal ; ils
feront traités comme les Naturels du
Pays, & on ne pourra jamais exiger
d'eux de plus forts droits d'entrée ou
de ſortie, que ceux qui étoient en
uſage dans le mois de Mars 1653.
Réciproquement les Portugais joüiront dans les Domaines des Provin-

ces-Unies, de tous les priviléges attri-
bués aux Sujets mêmes des Etats Généraux. *T. de la Haye, art.* 7. *& 21.*

Ceux-ci ne feront point Aubains
fur les Terres de Portugal, c'eft-à-
dire, qu'en cas de mort, leurs marchandifes, effets, &c. ne feront point
faifis par les Juges des orphelins &
des abfens. *T. de la Haye, art.* 10.

Les conditions dont les Anglois &
les Portugais font convenus par les
articles 11. 17. & 18. de leur Traité
de Londres, font arrêtées en faveur
des Hollandois, dans les articles 12.
15. & 16. du Traité de la Haye. Les
Portugais n'exigeront aucune contri-
bution des Hollandois pour l'entretien de la Chapelle de Saint Georges.
T. de la Haye, art. 22.

Le commerce fera rétabli entre les
Couronnes d'Efpagne & de Portugal
fur le même pied qu'il étoit avant la
réunion, & fous le regne du Roi D.
Sebaftien. Les Portugais joüiront fur
les Terres que Sa Majefté Catholique
poffede en Europe, de tous les priviléges qui ont été accordés aux An-

glois par le Traité de Madrid du 23.
May 1667. Les Espagnols ne feront
pas traités moins favorablement dans
le Royaume de Portugal. *Traité de
Lisbonne du 13. Fevrier 1668. entre
l'Espagne & le Portugal, art. 3. & 4.*

C'est par ce Traité que fut terminée la guerre que le Portugal soute-
noit depuis 1640, pour recouvrer &
défendre sa liberté.

L'Espagne cede à sa Majesté Portugaise la Colonie du Sacrement située
sur le bord Septentrional de la Plata,
à condition qu'elle n'en permettra le
Commerce à aucune Nation étrangere. Les Portugais ne pourront commercer en aucune façon dans l'A-
mérique Espagnole, ni favoriser les
Etrangers qui voudroient y verser
quelques marchandises. *T. d'Utrecht
entre l'Espagne & le Portugal, art. 6.*

Le Traité de Lisbonne du 13 Fevrier 1668. est maintenu dans toute
sa force. *T. d'U. Esp. Port. art. 13.*

Sa Majesté Portugaise accorde aux
Commerçans Espagnols, & sa Majesté
Catholique à ceux de Portugal, tous

les avantages & tous les priviléges qu'elles ont accordés jufqu'ici, ou qu'elles accorderont à l'avenir à la Nation la plus favorifée. Ces Puiffances fe refervent à elles feules & pour leurs fujets le droit de commercer dans les Terres de leur Domination refpective foit aux Indes foit en Amerique. Il faut excepter de cete regle générale ce qui a été ftipulé dans le Contrat de l'Affiento conclu entre l'Efpagne & la Grande Bretagne le 26 Mars 1713. *T. d'U. Efp. Port. art.* 17.

En cas de rupture entre les deux Couronnes, leurs Sujets refpeɛifs auront le terme de fix mois pour fe retirer avec leurs effets où bon leur femblera. *T. d'U. Efp. Port. art.* 21.

Le Commerce fe fera dans le continent de France & de Portugal de la même maniere qu'il fe faifoit avant la Guerre de 1701. & les mêmes Priviléges dont les François joüiront en Portugal, feront accordés aux Sujets de fa Majefté Portugaife en France. *T. d'Utrecht entre la France & le Portugal,*

tugal, *art.* 5. & 6. Le 1 Juin 1641.
Loüis XIII. & Jean IV. Roi de
Portugal, conclurent à Paris un Traité
de Confederation , dans lequel il fut
ſtipulé, *art.* 7. & 8. que le Commerce
ſeroit rétabli entre les deux Nations
ſur le même pied qu'il ſe faiſoit du tems
des anciens Rois de Portugal , & que
leurs Sujets pourroient tranſporter
reſpectivement de leurs Etats , toutes
les denrées & marchandiſes dont ils
auroient beſoin, en payant ſimplement
les mêmes droits que paye la Nation
la plus amie.

Le Roi de France s'engage à ne
point ſouffrir que ſes Sujets de la
Cayenne ou autres commercent dans
le Maragnan ni dans l'embouchure
de la Riviere des Amazones ; il leur
ſera défendu de paſſer la Riviere de
Vincent Pinſon. D'autre part , tout
Commerce dans la Cayenne ſera interdit aux Portugais. *T. d'U. Fr. Port.*
art. 12.

Afin de mieux pourvoir à l'avance-
ment & à la ſûreté des Marchands des
deux Nations contractantes , elles

Tom. II.   **B b**

tiendront l'une chez l'autre des Confuls avec les mêmes priviléges &
exemptions, dont ceux de France
avoient coutume de joüir en Portugal.
T. d'U. Fr. Port. art. 6.

En cas de rupture entre les François & les Portugais, ils auront fix
mois pour retirer leurs effets & fe
tranfporter où ils le jugeront à propos. *T. d'U. Fr. Port. art.* 15.

ESPAGNE.

Relativement aux Provinces-Unies,
  à la France, à l'Angleterre, à la
  Cour de Vienne, à la Tofcane, aux
  Villes Anféatiques.

Les Efpagnols *retiendront leur Na-*
vigation en telle maniere qu'ils la tien-
nent pour le préfent dans les Indes
Orientales, fans fe pouvoir étendre plus
avant; de leur côté les Commerçans
des Provinces-Unies s'al ftiendront de
la fréquentation des Places que les Caf-
tillans ont dans les Indes Orientales.
T. de Munfter du 30. Janvier 1648,

entre l'Efpagne & les Provinces-Unies, art. 5.

Il faut faire une attention particuliere à l'article qu'on vient de lire. Les Puiffances Maritimes l'oppoferent comme un titre inconteftable à l'Empereur Charles VI. lorfqu'en 1722. il voulut établir dans les Pays-Bas Autrichiens une Compagnie des Indes. Ce Prince fe contenta d'abord de donner des Lettres de Mer à quelques commerçans Flamands & Brabançons, pour aller négocier aux Indes à leurs périls & fortunes. Cette nouveauté inquiéta l'Angleterre & les Etats Généraux; mais les plaintes les plus vives éclaterent de toute part, dès que la Cour de Vienne fongea, par fes Lettres d'Octroi, à rendre folide un établiffement qu'elle n'avoit qu'ébauché.

Il eft certain que l'Empereur n'étoit point fondé dans fes prétentions. On avoit ftipulé dans les Traités d'Utrecht & dans celui de la Barriere conclu à Anvers en 1715, qu'il ne poffédeoit les Pays-Bas Efpagnols,

Bb 2

qu'avec les mêmes droits & les mêmes prérogatives que Charles II. les
avoit poffédés. Or ce Prince ne pouvoit pas établir dans fes Domaines une
Compagnie pour le Commerce des
Indes ; en vertu de quel titre fon fucceffeur s'arrogeoit-il donc ce privilége ?

Quand Charles VI. auroit pu avec
juftice défendre fa Compagnie d'Oftende , il eft vraifemblable que cet
établiffement auroit allumé le feu de
la guerre dans toute l'Europe. On
peut à ce fujet fe rappeller la conduite
des Anglois & des Hollandois, quand
le Dannemarc voulut en 1728. former une nouvelle Compagnie des Indes à Altena. Les Puiffances Maritimes défendirent à leurs fujets de s'in-
téreffer à cette entreprife , & la regar-
dant prefque comme une rupture de
la part du Roi de Dannemarc , elles
lui firent fignifier que ,, l'établiffement
,, d'une Compagnie des Indes à Al-
,, tena étoit très - préjudiciable au
,, Commerce des Anglois & des Hol-
,, landois, & extrêmement contraire

„ aux regles d'amitié & à la confide-
„ ration que les Princes & les Etats
„ Souverains font accoûtumés d'avoir
„ les uns pour les autres. On ajouta
„ que le Roi de la Grande Bretagne
„ & les Etats Généraux ne pourroient
„ fe difpenfer de s'oppofer à cet Eta-
„ bliffement par tous les moyens lé-
„ gitimes qui ne donnent aucune at-
„ teinte au Droit des gens. Mais qu'ils
„ efperent que le Roi de Dannemarc,
„ fuivant fa grande fageffe & équité,
„ voudra bien refléchir fur les incon-
„ véniens qui réfultent de fon entre-
„ prife, & qui pourroient faire naître
„ des méfintelligences funeftes.

Les fujets des Etats Généraux s'abftiendront de naviger & de commercer dans les Domaines que la Couronne d'Efpagne poffféde hors de
l'Europe, foit qu'il y ait des Places
fortifiées ou non. Tout Commerce eft
également interdit aux Efpagnols fur
les Côtes, dans les Havres, Ports &
Places que les Provinces-Unies occu-
pent aux Indes & en Amérique. Ils
confentent encore à ne plus trafiquer

B b 3

dans les Places du Brefil, dont les Portugais font actuellement en poffeffion, tandis qu'ils en feront les maîtres. *T. de Munfter, art.* 6.

Les fujets du Roi d'Efpagne & des Etats Généraux ne payeront pas, les uns chez les autres, de plus forts droits d'entrée ou de fortie que les naturels mêmes du pays : les Impofitions établies par la Cour de Madrid pendant la Tréve de 12. ans, conclue à Anvers le 9. Avril 1609, feront abolies. *T. de Munfter, art.* 8. *T. d'Utrecht entre l'Efpagne & les Provinces-Unies, art.* 14. Le 3. Juillet 1667, les Commerçans des Provinces-Unies obtinrent le privilége de porter dans les Etats de la Couronne d'Efpagne toutes fortes de denrées & de marchandifes des Indes Orientales, en prouvant qu'elles font venues de leurs Conquêtes, Factories & Còlonies. Il ne fera peut-être pas inutile de faire obferver au Lecteur que le Traité de Munfter ne regarde pas feulement le Royaume d'Efpagne, mais encore toutes les Provinces qui en ont été

démembrées par la Paix de 1713, &
qui font poffédées par la Cour de
Vienne & par le Roi des deux Siciles.
Les articles fuivans n'ont rapport qu'au
Commerce réciproque que font les
Provinces-Unies & les Domaines que
la Maifon d'Autriche poffède dans les
Pays-Bas.

Le Roi d'Efpagne & les Etats Généraux ne leveront hors de leurs limites refpectivement, aucun droit pour
l'entrée, fortie, ou pour autres charges, fur les denrées paffant foit par
eau, foit par terre. Leurs fujets continueront à joüir de la franchife des Peages établie avant la guerre. *T. de
Munfter, art. 9. & 10.*

La Cour de Madrid fera ceffer fur
le Rhin & fur la Meufe, la levée de
tous les Peages, qui avant la guerre
ont été fous le reffort ou dans le dif-
trict des Provinces-Unies, & notam-
ment le Peage de Zelande. On entend
cependant que les Proprietaires de ces
Peages rembourferont les dettes qui
ont été hypothequées fur ces fonds.
T. de Munfter, art. 12.

Le fel blanc boüilli venant des Provinces-Unies dans les Domaines de
Sa Majefté Catholique, y fera reçu
fans être chargé de plus hautes impofitions que le gros fel. De même on
recevra le fel du Roi d'Efpagne fur
les Terres des Etats Généraux ; il s'y
débitera & ne fera fujet qu'aux mêmes
impôts qu'on leve fur celui des Provinces-Unies. *T. de Munfter, art.* 13.

Les différentes branches de l'Efcaut, les canaux de Sas, de Zwyn,
& autres bouches de Mer y aboutif-
fant, feront tenus clos du côté des
Provinces-Unies. *Traité de Munfter,*
art. 14.

Les navires & denrées entrant &
fortant des Havres de Flandres refpectivement, feront & demeureront
chargés par le Roi d'Efpagne de toutes les impofitions qui font levées fur
les denrées qui feront tranfportées fur
l'Efcaut, & fur les canaux dont il eft
parlé dans l'article précédent. *T. de*
Munfter, art. 15.

Les Sujets des deux Puiffances
contractantes fe comporteront avec

modeſtie & prudence les uns chez les autres, à l'égard de tout ce qui regarde l'exercice public de la Religion. L'on aſſignera ſur les Terres de l'obéïſſance du Roi d'Eſpagne, des cimetieres pour inhumer les Sujets des Provinces-Unies. *T. de Munſter, art.* 18. *&* 19. *T. d'Ut. Eſp. Holl. art.* 27. *&* 28.

On commettra de part & d'autre de certains Juges en nombre égal, qui formant une Chambre mi-partie, établiront leur ſéance dans les Provinces des Pays-Bas, tantôt ſur les Terres de l'obéïſſance du Roi d'Eſpagne, & tantôt dans les Domaines des Etats Généraux. Ils auront égard aux négociations que les Habitans des Pays-Bas feront entr'eux, & aux charges & impoſitions qui feront levées de l'un & l'autre côté ſur les marchandiſes. Ce Tribunal aura ſoin de faire réparer les injuſtices; il jugera des infractions qu'on pourroit faire au préſent Traité dans les Provinces des Pays-Bas & dans le reſte de l'Europe; il décidera des arrange-

mens les plus convenables à prendre
en pareil cas, & fes fentences ou difpofitions feront promptement exécutées par les Juges ordinaires de chaque Province, Bailliage, &c. *T. de
Munfter*, *art.* 21.

Les Commerçans des Villes Anféatiques joüiront dans les Etats du
Roi d'Efpagne de tous les priviléges
déja donnés, ou qui dans la fuite feront accordés aux Sujets des Provinces-Unies. Reciproquement les Etats
Généraux auront les mêmes droits
que les Villes Anféatiques ont obtenus
pour l'établiffement de leurs Confuls
dans les Villes principales ou maritimes
d'Efpagne. Ils joüiront encore de toutes les franchifes que les Villes Anféatiques pourront obtenir après la
conclufion de ce Traité. *T. de Munfter*, *art.* 16. Le Traité avantageux
des Villes Anféatiques dont il eft ici
parlé, fut conclu à Munfter le 11.
Septembre 1647. Il feroit inutile d'en
faire l'analyfe, ne contenant rien d'effentiel que l'Etabliffement de leurs
Confuls fur les Terres d'Efpagne.

Elles fignerent encore un Traité à
Munſter le 3. May 1648. Il ne roule
que ſur des objets peu importans.

Philippe V. & les Etats Généraux
confirmerent en 1714. le Traité conclu à Munſter en 1648. *T. d'Utrecht
entre l'Eſpagne & les Provinces-Unies,
art.* 10.

Les Commerçans des Provinces-
Unies & leurs Conſuls établis en Eſpagne, joüiront de tous les priviléges
accordés aux Anglois, aux François,
& à la Nation la plus favoriſée. Les
Eſpagnols auront la même faveur dans
les Domaines des Etats Généraux.
Traité d'Utrecht, Eſp. Holl. art. 17.
& 22.

Dès que les Sujets des Contractans auront une fois payé les droits
d'entrée énoncés par les tarifs, ils ne
feront plus obligés d'en payer de
nouveaux, en tranſportant leurs marchandiſes d'une Province à l'autre du
Royaume d'Eſpagne ou des Etats Généraux. *T. d'Ut. Eſp. Holl. art.* 16.

Le Roi d'Eſpagne conſervera aux
Sujets des Provinces-Unies la faculté

d'avoir des Juges confervateurs dans toutes les Villes marchandes de fon Royaume, où ils en avoient du tems de Charles II. & même dans celles où d'autres Nations en ont actuellement. *T. d'Ut. Efp. Holl. art.* 29.

Les Hollandois morts en Efpagne ne feront point Aubains, leurs effets feront remis à leurs héritiers. Les Sujets des deux Puiffances contractantes pourront hériter les uns des autres par teftament ou par droit du fang. *Traité d'Ut. Efp. Holl. art.* 25. *&* 26.

Le Roi d'Efpagne ne permettra à aucune Nation de l'Europe le commerce de fes Etats d'Amérique, & dans le befoin les Provinces-Unies promettent de l'aider de leurs forces contre une Puiffance qui voudroit y trafiquer. *T. d'Ut. Efp. Holl. art.* 31. Il n'eft pas douteux qu'il ne foit de l'intérêt de la Cour de Madrid que tout le commerce des Indes Efpagnoles fe faffe par la voye de Cadix : en permettant aux Etrangers d'aller directement au Mexique, au Perou, &c. elle fe priveroit d'une partie de

ſes revenus, & peut-être même ébran-
leroit-elle les fondemens de ſon empire en Amérique. Toutes les Puiſſances commerçantes qui ont traité à
Utrecht avec Philippe V. ont exigé
de lui la ſtipulation qu'on vient de
lire. *Voyez le Traité de la Grande
Bretagne, art. 8. & celui du Portugal, art. 17.* On a craint qu'il ne ſe
rencontrât dans la ſuite des tems quelque circonſtance extraordinaire, qui
n'autoriſât le miniſtere d'Eſpagne à
penſer qu'il pouvoit ſans inconvénient
permettre à quelque Nation le commerce de l'Amérique. Ce malheur
ſeroit ſi grand, qu'on a cru devoir y
obvier, tout éloigné & même tout
chimérique qu'il devoit paroître. En
effet ſi la liberté du commerce dans
les Indes Eſpagnoles étoit accordée
à une Nation, il n'eſt pas douteux
qu'elle ne s'emparât en peu de tems
de tout le trafic & de toutes les richeſſes de l'Europe.

L'Eſpagne a fidellement obſervé
juſqu'ici les engagemens qu'elle a contractés ; mais il n'en eſt pas de même

des autres Etats. On fçait combien
il y a d'interlopes dans les Mers du
Mexique & du Sud. Les Anglois ne
peuvent cacher que la contrebande
qu'ils font dans les Indes Efpagnoles,
ne foit la Branche la plus riche de
leur commerce. Ils abufent d'une maniere étrange du vaiffeau de permiffion qu'on leur a accordé par le Contrat de l'Affiento ; & la Jamaïque eft
un magafin général d'où ils envoyent
furtivement leurs marchandifes dans
tous les lieux où ils ont l'art d'avoir
des Correfpondans. La Cour de Madrid s'eft fouvent plainte de cette con-
travention aux Traités, fans pouvoir
obtenir aucune fatisfaction. Les démê-
lés des Gardes côtes Efpagnols & des
Contrebandiers Anglois dégénererent
il y a quelques années, en une efpece
de guerre ouverte, dans laquelle il fe
commit de part & d'autre quelques
excès. Pour en arrêter le cours on
figna au Pardo en 1739. une convention qui avoit pour bafe les anciens
Traités dont elle expliquoit & com-
mentoit quelques articles. Cette négo-

ciation fut infructueuse, le Parlement
d'Angleterre désapprouva les stipula-
tions du Pardo, toute la Nation éclata
comme si on lui eut enlevé un de ses
priviléges ; & le Ministere obligé de
céder au torrent, déclara la guerre
au Roi d'Espagne. Ce n'est pas moins
les droits de toutes les Nations commerçantes que les siens propres que
la Cour de Madrid défend, il paroît
donc qu'il est de leur intérêt de la
seconder.

Le commerce des Provinces-Unies
& des Places que les Etats Généraux
possedent aux Indes Orientales &
Occidentales, continuera sur le même pied qu'il s' st fait jusqu'à présent.
A l'égard de celui des Isles Canaries,
on suivra les loix & les usages établis
sous le regne de Charles II. *T. d'Ut.
Esp. Holl. art.* 34.

En cas de rupture entre l'Espagne
& les Provinces-Unies, leurs Sujets
auront respectivement la liberté de
vendre leurs effets pendant un an, ou
de les transporter comme ils le jugeront à propos. *T. d'Ut. Esp. Holl.
art* 36.

Les Sujets du Roi de France dans tous les Etats de la Couronne d'Espagne, & ceux de cette Puissance chez les François, seront traités comme la nation la plus favorisée ; ne payant que les mêmes droits ausquels les Anglois & les Hollandois sont soumis. *T. des Pyrénées*, art. 6. & 7.

Les Contractans pourront établir des Consuls les uns chez les autres. *T. des Pyrénées*, art. 26.

Les Sujets de part & d'autre auront la liberté de vendre, donner, changer, aliéner ou autrement disposer, tant par acte d'entre-vifs que de derniere volonté, des biens, effets, meubles & immeubles qu'ils possederont dans les Domaines de l'autre Souverain. Chacun sera libre de les acheter, sujet ou non sujet, sans autre permission quelconque que le present Traité. *T. des Pyrénées*. art. 22.

Dans le cas que les Contractans se fassent la Guerre, leurs Sujets auront six mois pour se retirer avec leurs effets. *T. des Pyrénées*, art. 24. Je remarquerai encore que le Roi des
deux

deux Siciles est engagé par ce Traité comme Successeur de Philippe IV. Il faut dire la même chose de la Reine de Hongrie qui possede en Italie & dans les Pays-Bas plusieurs Domaines pour lesquels l'Espagne avoit stipulé dans le Traité des Pyrénées.

A la Paix de 1714. les Plenipotentiaires de France auroient dû rappeller expressement dans les Traités de Radstat & de Bade celui des Pyrénées, en tant qu'il engageoit la Cour de Vienne. Ils se sont contentés de le faire implicitement, en arrêtant que les Sujets de l'Empereur & du Roi Très-Chrétien continueroient à joüir, à l'égard du Commerce, de tous les priviléges dont ils étoient en possession les uns chez les autres. *T. de Radstat, art. 34. T. de Bade, article 34.* La France & l'Espagne n'ont rien réglé de nouveau au sujet de leur Commerce, dans les Paix d'Aix-la-Chapelle, de Nimegue & de Ryswick, elles n'ont fait que faire revivre les articles du Traité des Pyrénées.

Les Anglois ne payeront pas fur les Terres de la domination d'Efpagne, de plus forts droits d'entrée ou de fortie que les Efpagnols mêmes, & ils y joüiront de toutes les franchifes & prérogatives accordées à la France, aux Provinces-Unies, aux Villes Anfeatiques, &c. *T. de Madrid conclu le 23 May* 1667. *entre l'Efpagne & l'Angleterre, art.* 5. *&* 38. Ces Puiffances ont rappellé ce Traité dans celui qu'elles ont figné à Utrecht en 1713. La Guerre ayant annullé leurs engagemens réciproques, je pourrois me difpenfer d'en rendre compte ; mais outre que la Paix leur rendra leur force, je crois que le Lecteur pourroit être fâché de me voir paffer fous filence des articles qui regardent une matiere auffi importante.

Il fera permis aux Anglois de tranfporter en Efpagne toutes fortes de marchandifes du crû de leur Royaume & de leurs Colonies. Ils pourront auffi y faire le Commerce des denrées des Indes Orientales, en prouvant, par le témoignage des Députés de leur Compagnie des Indes, qu'elles viennent des Factories Angloises. Pour ce qui concerne l'Amerique & les autres Pays, situés hors de l'Europe, & qui sont soumis au Roi d'Espagne, on accorde aux Commerçans d'Angleterre tout ce qui a été accordé aux Sujets des Etats Généraux par le Traité de Munster. *T. de Madrid*, *art.* 7. & 8. C'est-à-dire qu'on leur refusoit la liberté de commercer aux Indes Espagnoles. Cette Convention fut encore exprimée d'une maniere plus précise dans le Traité que les Couronnes d'Espagne & d'Angleterre signerent à Madrid le 18 Juillet 1670. & qui termina les hostilités que leurs Sujets exerçoient en Amerique les uns contre les autres. Il y est dit que chacun des Contractans s'abstiendra de naviger dans les Ports, Rades, Havres, &c. que l'autre possede en Amerique. Mais que si l'un d'eux est forcé par la tempête ou par quelque autre accident, de chercher un azyle dans les Ports de l'autre, il y sera bien reçu, & s'y pourvoira même des

chofes qui lui manqueront. *art.* 8.
& 10. Ce Traité eſt auſſi rappellé
par le premier article du Traité de
Commerce conclu à Utrecht entre
l'Eſpagne & l'Angleterre.

Les Navires Eſpagnols ou Anglois
navigeant dans leurs Etats reſpectifs,
ne pourront être viſités par les Juges
de contrebande ni par quelque autre
perſonne que ce ſoit. On ne mettra
à bord de ces Vaiſſeaux aucun Soldat
ni Officier, qu'après que le maître du
Navire aura déchargé les marchandiſes qu'il déclarera vouloir mettre
à terre. *T. de Madrid de* 1667. *article* 10. J'ai oüi quelquefois citer
cet article comme un titre qui doit
mettre les Anglois à couvert des viſi-
tes des Gardes-Côtes Eſpagnols, mais
l'erreur eſt évidente. On voit clairement qu'il n'eſt ici queſtion que des
Pays où le Commerce eſt permis.

C'eſt l'uſage en Angleterre qu'un
Marchand Etranger ne paye point
de droits de ſortie, quand il rembar-
que les marchandiſes qu'il y a portées.
On lui rend même la moitié des droits

d'entrée qu'il a payez, fi fon retour fe fait avant que l'année foit expirée depuis fon arrivée. En compenfation, tout Anglois qui ayant déchargé fes effets dans une Place du Roi d'Efpagne, les rechargera pour les tranfporter dans un autre Port de la même domination, n'y payera aucun droit d'entrée. *T. de Madrid, art.* 12. *T. de Commerce Utrecht, art.* 3.

Les Confuls que les Puiffances contractantes tiendront l'une chez l'autre, feront traités comme ceux des Nations les plus favorifées. On ne moleftera point les Anglois pour caufe de Religion ; ils auront un Cimetiere dans les principales Villes d'Efpagne ; ils n'y feront point fujets au droit d'Aubaine, & les Efpagnols auront le même avantage en Angleterre. *T. de Madrid, art.* 27. 28. 33. 34. *&* 35.

En cas de Déclaration de Guerre entre l'Efpagne & l'Angleterre, leurs Sujets refpectifs auront fix mois pour fe retirer avec leurs effets où bon leur femblera. *Traité de Madrid, art.* 36.

Traité de Paix Utrecht, art. 18.

L'Exercice de la navigation & du Commerce aux Indes Occidentales, demeurera fur le même pied qu'il étoit établi fous le regne de Charles II. L'Efpagne ne permettra à aucune Puiffance d'introduire des marchandifes dans fes Etats d'Amerique, & elle s'engage à n'en ceder, vendre ni aliener aucune partie. *T. d'U. Efp. Ang. art. 8. & 9.*

Les habitans de la Province de Guipufcoa conferveront le droit qu'ils ont de pêcher aux environs de l'Ifle de Terre-Neuve. *T. d'U. Efp. Ang. art. 15.*

Les Anglois feront pendant 30 ans, à commencer du 1. May 1713. le Commerce des Negres dans l'Amerique Efpagnole, aux mêmes conditions qui avoient été accordées à la Compagnie Françoife de l'Affiento. *T. d'U. Efp. Ang. art. 12. Efp. Port. art. 17. Efp. Holl. art. 31.* Je ne parlerai en détail du Contrat de l'Affiento que dans le fecond article de ce Chapitre. J'y rendrai compte auffi du Traité de Commerce que les Rois d'Espagne & d'Angleterre conclurent à Utrecht, & de celui que ces Princes signérent à Madrid le 14 Decembre 1715.

Le 13 Juin 1721. les differends de la Cour de Madrid avec la France & la Grande Bretagne, furent entierement terminés par un Traité de Paix & d'Alliance conclu à Madrid. Philippe V. y confirme tous les priviléges dont les Anglois & les François joüiffent dans fes Etats en vertu des Traités anterieurs, *article* 6. Le Traité de Seville du 9 Novembre 1729. fait les mêmes difpofitions, *art.* 4.

Je ne dirai rien du Traité de Commerce que l'Empereur Charles VI. & le Roi d'Efpagne ont fait à Vienne en 1725. cet acte eft annullé. La Cour de Vienne, comme on le verra bientôt, a renoncé à fa Compagnie d'Oftende; l'Efpagne de fon côté a déclaré dans le Traité de Seville, qu'en contractant avec l'Empereur en 1725. elle n'avoit point prétendu déroger

à ſes engagemens antérieurs. D'ailleurs ce Traité n'eſt point rappellé
dans ceux de Vienne du 22 Juillet
1731. & du 18 Novembre 1738. On
pourroit peut-être prétendre que les
articles qui ne concernent pas le Commerce des Indes, ont conſervé leur
force ; quoi qu'il en ſoit, il ſeroit inutile d'agiter cette queſtion aujourd'hui
que la Guerre eſt déclarée entre le
Roi d'Eſpagne & la Reine de Hongrie ; on verra à la Paix quels engagemens ces Puiſſances prendront par
rapport au Commerce.

Les Commerçans du Grand Duché
de Toſcane feront maintenus en Eſpagne dans la poſſeſſion des mêmes
franchiſes & priviléges dont les Nations les plus amies y ſont favoriſées.
*T. de Florence du 25 Juillet 1731.
entre l'Eſpagne & le Grand Duc,
art. 5.*

FRANCE.

FRANCE,

Relativement à l'Angleterre, aux Provinces-Unies, aux Villes de Lubeck, Bremen & Hambourg, à l'Empire, à la Maison d'Autriche, à la Cour de Turin, aux Cantons Suisses.

Les Sujets de la République d'Angleterre pourront transporter & vendre en France toutes sortes d'étoffes de soye & de laine fabriquées chez eux. Il sera aussi permis aux François de faire en Angleterre, en Ecosse & en Irlande le commerce de leurs vins, & de toutes les marchandises qui proviendront de leurs Fabriques. *Traité de Westminster du 3. Novembre 1655. art. 5.* Ce Traité fut conclu entre la France & Cromwel qui gouvernoit alors l'Angleterre, pour terminer quelques différends qui s'étoient élevés entre les deux Nations au sujet du commerce.

Les Commerçans François ne payeront plus dans les Ports d'Angleterre le droit appellé *Head-Mony*, & les Anglois ne feront point fujets à celui qu'on nomme en France *l'argent du Chef. T. de Weftminfter*, *art*. 8. Cette même ftipulation fe retrouve dans le huitiéme article du Traité de commerce & de navigation que Louis XIV. & la Reine Anne fignerent à Utrecht le 11. Avril 1713.

Les Anglois remontant à Bourdeaux par la Garonne, ne feront point obligés de laiffer leur artillerie & leurs armes au Fort de Blaye. *T. de Weftminfter*, *art*. 11.

Les Anglois difpoferont par teftament, donation ou autrement, des biens qu'ils peuvent poffēder en France, & ils n'y feront point Aubains. *T. de Weftminfter*, *art*. 12.

La France accordera aux Habitans de Jerfey & de Guernezey les mêmes priviléges & les mêmes franchifes, dont fes Sujets joüiffent dans ces Ifles. *T. de Weftminfter*, *art*. 13.

En cas de rupture entre les deux Nations contractantes, leurs Commerçans auront refpectivement les uns chez les autres fix mois pour finir leurs affaires & fe retirer avec leurs effets. *T. de Weftminfter*, *art.* 26. *T. de Breda*, *art.* 18. *T. d'Utrecht*, *art.* 10. Par le Traité de Breda conclu le 31. Juillet 1667. la France & l'Angleterre convinrent que la liberté du commerce & de la navigation feroit rétablie fur l'ancien pied, & que tous les Edits & Arrêts que l'une des Parties auroit publiés au préjudice de l'autre, feront regardés comme non avenus. *Art.* 4. *& 6.* On renouvella fimplement les mêmes engagemens par le Traité de paix figné à Ryfwick le 20. Septembre 1697. *Art.* 5.

La France promet de ne point profiter de fon crédit en Efpagne, pour y étendre fon commerce, & fe faire accorder la conceffion de quelques priviléges qui ne feroient pas donnés aux autres Nations. *Traité de paix conclu à Utrecht entre la France & l'Angleterre, art.* 6. *Traité de paix conclu à Utrecht, entre la France & les Provinces-Unies, art.* 32.

Les François ne pourront pêcher qu'à trente lieuës des côtes de l'Acadie, depuis l'Isle de Sable inclusivement, jusqu'aux endroits qui tournent au Sud-oüest. Il leur est défendu de s'établir dans l'Isle de Terre-Neuve, & dans les Isles adjacentes qui sont cédées à l'Angleterre. Il ne leur sera libre d'y aborder que dans le tems de la pêche, & ils n'y construiront que les cabannes ou échoppes nécessaires pour préparer leur poisson & le sécher. Ils ne descendront alors que dans l'Isle de Terre-Neuve, & seulement dans l'étenduë de Pays comprise depuis le Cap de Bonaviste jusqu'à la partie septentrionnale de l'Isle, & de-là tirant à l'Occident jusqu'au lieu appellé Pointe Riche. *T. d'Ut. Fr. Ang. art.* 12. *&* 13.

Les Sujets de France établis en Amérique ne molesteront en aucune façon les Indiens Sujets ou Alliés de la Grande Bretagne. Les Anglois de leur côté auront les mêmes égards pour les Indiens Sujets ou amis de la France. On laissera aux Naturels du

Pays une entiere liberté pour aller commercer à leur gré dans les Colonies Angloises ou Françoises. *Traité d'Utrecht, Fr. Angl. art. 15.*

La Compagnie Hollandoise des Indes Occidentales consent que la Compagnie Françoise des Indes joüisse de l'Isle & du Fort d'Arquin, comme d'un bien qui lui appartient. Les Hollandois renoncent à toutes leurs prétentions, & transportent même à la Compagnie Françoise des Indes tous les droits qu'ils peuvent avoir sur le Fort & l'Isle d'Arquin. *Convention signée à la Haye le 13. Janvier 1727, art. 1.* Les Etats Généraux déclarent qu'en vertu de la Concession faite à la Compagnie Françoise, elle pourra se comporter dans l'Isle d'Arquin, comme bon lui semblera; que si elle juge à propos de raser le Fort & de conserver l'Isle, on n'inferera point de cette démolition que l'Isle soit abandonnée par les François. *Résolution des Etats Généraux du 13. Avril 1727, en explication de la convention précédente.*

Leurs Hautes-Puiſſances conſentent au Commerce excluſif de la Compagnie Françoiſe ſur toute la Côte d'Afrique, qui s'étend depuis le Fort d'Arquin juſqu'au de-là de Porto-Darco, c'eſt-à-dire, juſqu'à la riviere de Serrelionne. Les Vaiſſaux Hollandois n'y pourront aborder que dans le cas qu'ils y ſoient forcés par la tempête, ou par quelque autre accident imprévû. Non ſeulement il leur eſt défendu d'entrer dans les Ports occupés par les François, mais auſſi dans ceux qui appartiennent à quelqu'autre Puiſſance que ce puiſſe être. *Convention de la Haye, art. 2. & 5.* Par le quatriéme & le cinquiéme article de ce Traité, la Compagnie Françoiſe des Indes s'engagea de payer à la Compagnie Hollandoiſe des Indes Occidentales, la ſomme de 130. mille florins de Hollande.

S'il ſurvient quelque rupture entre la France & les Provinces-Unies, leurs ſujets reſpectifs auront neuf mois pour retirer leurs effets & les tranſporter où ils jugeront à propos. *T.*

d'Utrecht, *entre la France & les Etats Généraux*, *art.* 36. Les Traités de Paix que ces Puiſſances ont conclus à Nimegue, à Ryſwick & à Utrecht, ne contiennent rien de particulier. Elles ont toujours eu ſoin d'en ſigner ſéparement pour les affaires de leur Commerce & de leur Navigation. Ces Traités n'étant faits que pour un temps borné, n'ont plus de force aujourd'hui. Dans le ſecond article de ce Chapitre, je rendrai compte du Traité de Verſailles, ſigné le 21. Decembre 1739.

La navigation du Rhin ſera libre pour les ſujets de l'Empire & de la Couronne de France. On ne pourra y établir de nouveaux Peages, ni augmenter les anciens. Le Commerce continuera à ſe faire entre les Provinces voiſines de ce fleuve, de la même maniere que quand l'Alſace appartenoit à la Maiſon d'Autriche. *T. de Munſter*, *art.* 86. *T. de Ryſwick*, *art.* 52. *T. de Radſtat*, *art.* 8. *T. de Bade*, *art.* 8. *T. de Vienne* 1738, *art.* 17.

Les Imperiaux & les François ont la liberté de vendre, échanger, aliéner, ou autrement difpofer des biens & effets, meubles ou immeubles qu'ils poſſéderont dans les pays les uns des autres ; & toutes perſonnes, naturels du pays ou étrangers, pourront les acheter, fans avoir befoin d'autre privilége que ce Traité. *T. de Radſtat*, *art.* 24. *T. de Bade*, *art.* 24. *T. de Vienne* 1738, *art.* 17.

Les habitans des Villes Imperiales & Anféatiques joüiront dans toute l'étendue des Domaines de France, des immunités qui leur ont été accordées par des Traités, ou dont ils font en poſſeſſion par un ufage ancien. *T. de Vienne* 1738, *art.* 17. La France & l'Empire étoient convenus de faire un Traité de Commerce après la ratification de la paix ; mais cette affaire a été négligée.

Les citoyens & fujets des Villes de Lubeck, Bremen & Hambourg, commercerent librement dans tous les Etats que la Couronne de France poſſede en Europe, & ils n'y payeront pas de plus forts droits d'entrée ou de fortie que les François mêmes. Ceux-ci joüiront dans les Ports des Villes Anféatiques de tous les priviléges & droits qui font accordés à leurs propres citoyens. *T. de Paris du* 18. *Septembre* 1716, *entre la France & les Villes Anféatiques de Lubeck, Bremen & Hambourg, art.* 1. 3. *&* 41.

Les Commerçans Anféatiques ne payeront l'impofition des cinquante fols par tonneau, établie fur les Navires étrangers, que dans le cas feulement qu'ils chargeront des marchandifes d'un Port de France, pour les tranfporter dans un autre Port de ce Royaume. Les François ne payeront pas le droit de Fret ou *Laft-Gheldt*, qui fe leve à Hambourg. *T. de Paris, art.* 4. *&* 41.

A l'égard du Commerce du Levant en France, les Hambourgeois ne payeront *le vingt pour cent* que dans le cas où les François mêmes le payent. Ils auront tous les priviléges que le Roi Très-Chrétien pourra accorder dans la fuite aux Provinces-Unies, & aux

Nations fituées au Nord de la Hollande ; ils ne feront point Aubains en France, & difpoferont par Teflament ou autrement de tous les biens & effets qu'ils pofféderont dans ce Royaume. *T. de Paris*, art. 2. 6. & 7.

Au fujet du Commerce que les Villes Anféatiques peuvent faire en temps de guerre avec les Ennemis de la France, on eft convenu de toutes les conditions générales dont j'ai parlé au commencement de ce Chapitre. Il eft dit cependant que leurs Navires feront de bonne prife, fi l'on n'y trouve ni chartes-parties, ni connoiffemens, ni factures ; ou fi les Capitaines qui les commandent refufent d'amener leurs voiles, & de fe laiffer vifiter. *T. de Paris*, art. 18. & 19.

Les Capitaines François & ceux des Villes Anféatiques, armés en courfe ou en guerre, donneront, avant de quitter le Port, une caution de 15. mille livres tournois, pour répondre des contraventions qui pourroient être faites par eux au préfent Traité. *T. de Paris*, art. 37.

Pour qu'un Navire foit réputé appartenir aux Villes Anféatiques, il faut 1°. qu'il foit de leur fabrique, de celle d'une Nation neutre, ou qu'il ait été acheté de la Nation ennemie avant la Déclaration de la Guerre. 2°. Que le Capitaine, le Contre-maître, le Pilote, le Subrecargue & le Commis foient fujets naturels des Villes Anféatiques, ou ayent été naturalifés trois mois avant la Déclaration de la Guerre. 3°. Que les deux tiers de l'Equipage foient fujets naturels des Villes Anféatiques ou de quelque Puiffance neutre, à moins qu'ils n'ayent été naturalifés avant la Déclaration de la Guerre. *T. de Paris*, art. 30. & 31.

Les Vaiffeaux de Hambourg, Bremen & Lubeck abbattront leur pavillon & ameneront leurs voiles, dès qu'ils auront reconnu la Banniere de France. *T. de Paris*, art. 34.

En cas de rupture entre l'Empire & la France, les fujets des Villes Anféatiques feront réputés neutres à l'égard de la France, pourvû qu'ils obtiennent de l'Empereur une pareille

neutralité en faveur des Commerçans
François qui aborderont dans leurs
Ports. *T. de Paris*, 1. *art. séparé.*

S'il survient quelque broüillerie entre la France & les Villes Anséatiques,
leurs sujets auront de part & d'autre
neuf mois pour retirer leurs effets, &
les transporter où bon leur semblera.
T. de Paris, art. 40.

La Navigation de la Lys, depuis
l'embouchure de la Deule en remontant, sera libre ; on ne pourra y établir de nouveaux Péages. L'abolition
réciproque du Droit d'Aubaine à l'é-
gard des sujets de la France & des
Pays-Bas Autrichiens, est confirmée.
T. de Radstat, art. 22. *&* 24. *T. de
Bade, art.* 22. *&* 24.

Le Commerce ordinaire d'Italie se
fera & maintiendra comme il étoit établi avant la Guerre de 1688. On observera entre le Royaume de France
& les Etats du Duc de Savoye, ce
qui se pratiquoit sous le regne de Charles Emanuel II. tant à l'égard du chemin de Suze, que de la Savoye, du
Pont de Beauvoisin & de Villefran-

che. Les couriers de France passeront comme auparavant par les Domaines de Son Altesse Royale , &
payeront les droits accoûtumés pour
les marchandises dont ils seront chargés. *T. de Turin du 29. Août 1696,
entre la France & la Savoye , art. 6.
T. d'Utrecht entre les mêmes , art.
10.*

Les Suisses sont sensés Regnico-
les en France ; ils ne seront sujets ni
au Droit d'Aubaine, ni à celui de Traï-
teforaine. Les François joüiront des
mêmes priviléges dans les Loüables
Cantons. Le Commerce sera libre entr'eux , les Négocians de part & d'autre pourront transporter l'or & l'argent
monnoyé qu'ils auront reçu pour le
prix de leurs marchandises ; pourvû
néanmoins qu'ils fassent leurs déclarations, & qu'ils prennent des passe-ports,
afin d'éviter les abus. *T. de Soleure
du 9. May 1715 , entre Loüis XIV.
d'une part , & les Cantons Catholiques
de la Suisse , & la République de Valais de l'autre , art. 24. 25. & 26.*

La défense de transporter les especes d'or & d'argent, eſt générale dans tous les Etats de l'Europe ; & l'on peut dire qu'il n'y a point de loi plus frivole , ni moins ſenſée. Un petit Ouvrage attribué au célebre M. Law, & les Réflexions de M. du Tot, ſur le Commerce, ont épuiſé tout ce qu'on pouvoit dire ſur cette matiere.

ANGLETERRE,

Relativement au Dannemarc , à la Suede , aux Provinces-Unies , à la Maiſon d'Autriche , aux Villes An-ſéatiques.

En rendant compte des engage-mens que les Cours d'Angleterre & de Dannemarc ont pris par rapport au Commerce, je ne parlerai que de leurs Traités de Londres du 13. Fevrier 1660. de Breda du 31. Juillet 1667, & de Weſtminſter du 9. Decembre 1669. Les ſujets des Couronnes d'An-gleterre & de Dannemarc ſeront trai-tés les uns chez les autres, comme la nation la plus amie , & les Anglois

continueront à ne payer au paſſage du
Sund que les mêmes droits qu'ils
payoient en 1650. *T. de Londres*,
art. 13. & 24. *T. de Breda*, *art.* 1.
Déclaration des Plénipotentiaires de
France au Congrès de Breda. T. de
Weſtminſter, *art.* 8. & 40.

Les Anglois qui iront dans la mer
Baltique par le Sund, ſeront les maîtres de différer le payement des droits
juſqu'à leur retour ; pourvû qu'une
caution ſe charge de les acquitter trois
mois après leur paſſage, s'ils ne reve-
noient pas. *T. de Londres*, *art.* 22.
T. de Weſtminſter, *art.* 12.

Les Contractans ne fréquenteront
point les Ports dont chacun d'eux ſe
réſerve le Commerce excluſif. Ils auront les uns chez les autres des Magaſins & des Conſuls, & ne ſeront point
ſujets au Droit d'Aubaine. *T. de Lon-*
dres, *art.* 7. *T. de Weſtminſter*, *art.*
6. 9. 15. & 38.

Les Danois ne porteront en Angleterre que des denrées & des marchandiſes de leurs pays, ou celles qui
y viennent d'Allemagne par l'Elbe.

Traité de Weftminſter, art. 7.

Il eſt arrêté que Gottembourg, dans le Weſt-Gots, du côté du Roi de Suede, & en Angleterre Pleymouth, dans le Comté de Devonshire, de la part du Roi de la Grande Bretagne, feront des Ports libres où les Commerçans des deux Couronnes joüiront reſpectivement du droit d'Etalage; & de tous les priviléges qui en dépendent, Il eſt permis aux Suedois de porter à Pleymouth toutes ſortes de marchandiſes de la mer d'Eſt & des Provinces de Suede ſituées ſur cette mer & ſur l'Ocean. Les Anglois pourront vendre à Gottembourg toutes ſortes de marchandiſes, à l'exception de celles de la mer d'Eſt & des Provinces Suedoiſes, ſituées ſur cette mer & ſur l'Ocean. *T. de Stokholm du* 20. *Fevrier* 1666, *entre l'Angleterre & la Suede, art.* 5. Cet article n'a plus lieu actuellement, quoiqu'il n'ait point été révoqué. Les marchandiſes étrangeres payent des droits ſi conſiderables en Suede, que les Anglois n'y portent gueres aujourd'hui que des vins, des

eaux

eaux-de-vie, des fels d'Efpagne & de
l'argent, en échange de ce qu'ils y
prennent. Les Suedois ont en quelque forte réfolu de fe paffer de toutes
les autres nations. Ils ont défendu dans
leur Royaume l'entrée de toutes fortes d'étoffes de foye & de laine, &
de tous les ouvrages de quincaillerie
& de mercerie. Ce réglement eft obfervé avec tant de rigidité que fi un
Suedois portoit quelque étoffe étrangere, il feroit condamné à l'amen-
de. Quelques fpeculatifs n'approuvent
pas cette politique, mais je crois
qu'il feroit facile d'en faire l'apologie.
Il ne faut pas prétendre que la Suede,
furtout depuis la guerre ruineufe qu'elle a faite au commencement de ce fiecle, doive fe conduire par les mêmes
maximes que la France, l'Angleterre
& les Provinces-Unies : ce qui enrichit ces Puiffances, acheveroit de ruiner les Suedois. Pour le dire en paffant, la politique n'a point de maniere
de faire le Commerce qui convienne
à toutes les nations. Chaque peuple
doit fe faire des principes relatifs à

Tom. II.   **E e**

son Gouvernement, à sa situation & à celle de ses voisins.

Les sujets de la Couronne d'Angleterre & des Provinces-Unies commerceront dans les Etats respectifs que ces deux Puissances possédent en Europe, & ils y seront traités comme la nation la plus favorisée. Les Hollandois se conformeront au Réglement que le Parlement d'Angleterre a fait en 1660, & ils ne transporteront dans la Grande Bretagne des denrées ou marchandises d'Allemagne, que celles qu'ils reçoivent par terre, ou par quelque riviere, & qui leur sont envoyées pour être transportées hors de chez eux. *T. de Breda, entre l'Angleterre & les Provinces-Unies, art.* 18. 24. *& 2. art. séparé.*

Toutes les Déclarations faites pendant la Guerre, au préjudice de l'un des Contractans, seront abrogées. En cas d'attaque ou d'insulte de la part de qui que ce soit, les Vaisseaux Anglois & Hollandois à portée de s'aider se donneront mutuellement du secours. *T. de Breda* 1. *art. séparé, art.* 28.

De part & d'autre on ne permettra d'armer en guerre ou en courfe, qu'après qu'une caution sûre aura répondu des contraventions que l'Armateur pourroit faire aux articles convenus. *T. de Breda, art. 33. T. de Londres du* 10. *Decembre* 1675, *art.* 10.

Si la guerre étoit déclarée entre les Contractans, leurs fujets auront fix mois pour retirer leurs effets. Les Provinces-Unies s'engagent à ne point nommer de Capitaine Général, d'Amiral, de Statouder, &c. qui ne promette par ferment d'obferver & de faire obferver les conditions dont on eft convenu. *T. de Breda, art. 32. &* 36. Je ne parle point ici du Traité que Cromwel fit le 15. Avril 1654. avec les Provinces-Unies, ni de plufieurs autres engagemens relatifs au Commerce, que les Etats Généraux & les Rois d'Angleterre ont contractés ; on n'y trouve que des conventions générales, dont je me fuis fait une loi de ne rien dire.

Le Traité de Munfter paffé en

1648, entre l'Espagne & les Etats Généraux, est confirmé. Tous les articles de cette pacification qui concernent le Commerce des Pays-Bas, seront fidellement observés. Les marchandises apportées d'Angleterre ou des Provinces-Unies, n'y payeront les droits d'entrée & de sortie que conformement au Tarif reglé à Bruxelles le 6. Novembre 1715. *T. de la Barriere conclu à Anvers en 1715, entre l'Empereur Charles VI. l'Angleterre & les Provinces-Unies, art. 26.*

Les Commerçans Anglois auront dans le Royaume de Sicile, toutes les prérogatives dont ils joüissoient sous le Regne de Charles II. *T. de Vienne du 16. Mars 1731, entre l'Empereur Charles VI. & l'Angleterre, art. 7.*

Les sujets des Villes Anséatiques ont la liberté de commercer dans tous les Domaines que la Couronne d'Angleterre posséde en Europe, on les y traitera comme la nation la plus favorisée; mais ils seront obligés de ne point se servir de Vaisseaux d'emprunt pour ce Commerce, & ils affirmeront par ferment que les Navires qu'ils montent, leur appartiennent en propre, & que la plus grande partie de l'équipage eft compofée de naturels du pays. Ils pourront tranfporter dans la Grande Bretagne toutes fortes de denrées & de marchandifes cruës ou fabriquées en Allemagne. C'eft par des Actes de conceffion, & non par des Traités, que les Villes Anféatiques ont obtenu ces priviléges.

PROVINCES-UNIES,

Relativement à la Suede, au Dannemarc, à la Ville de Dantzic, à la Maifon d'Autriche.

Les Traités d'Elbing du 11. Septembre 1656, & d'Elfigneur du 9. Decembre 1659, font annullés dans toutes leurs parties. *T. de la Haye du* 28. *Ju'l'et* 1667, *entre la Suede & les Provinces-Unies, art.* 3. On étoit convenu par le Traité d'Elbing, que les Hollandois ne payeroient pas des droits plus confidérables dans les Ports de Suede que les naturels mêmes du pays. Quelque fimple que fut cette claufe, elle ne laiffa pas de faire naître de part & d'autre bien des difficultés. Les Parties s'affemblerent à Elfigneur, pour prévenir une rupture, & on y convint que les Commerçans des Provinces-Unies feroient traités comme les Suedois, à raifon de leurs marchandifes, mais qu'ils payeroient un pour cent de plus, à raifon de leurs Vaiffeaux ; cette fubtilité fuffit pour fatisfaire les Suedois & les Hollandois. Ceux-ci convinrent encore qu'ils déclareroient le prix des marchandifes qu'ils porteroient en Suede, & que le Roi pourroit les prendre pour fon compte, en ajoûtant un cinquiéme en fus au prix déclaré.

Les fujets de Suede & des Provinces-Unies commerceront librement, & joüiront les uns chez les autres des priviléges accordés aux Négocians des autres Puiffances. *T. de la Haye, art.* 4. Les Hollandois fe font en quelque forte rendu maîtres de tout le Commerce de Suede, par les grandes avances qu'ils ont faites aux Fermiers des mines de cuivre, & aux Marchands de brai & de goudron. Ils ont ces marchandifes à fi bon marché, qu'ils peuvent les donner à Amfterdam au même prix que les étrangers les acheteroient à Stokhom.

Les Suedois s'abftiendront de commercer à Cabo-Corfo, & fur toute la Côte de Guinée. Ils ne pourront y aborder que dans le cas qu'ils foient attaqués par quelque Pirate, ou qu'ils y foient forcés par quelque autre accident. *T. de la Haye*, *art. 5.*

Les Provinces-Unies ayant toujours fait un très-riche Commerce dans la mer Baltique, ont recherché avec foin l'amitié du Roi de Dannemarc. Ces Puiffances ont contracté enfemble, à Chriftianople le 13. Août 1645, & à la Haye le 22. Fevrier 1647, le 11. Fevrier 1666, & le 12. Fevrier 1669. Je ne rapporterai ici que quelques articles du Traité de 1666, qui regardent la Compagnie Danoife pour le Commerce d'Afrique, & la Compagnie Hollandoife des Indes

Occidentales. Le Roi de Dannemarc se défiste des droits qu'il prétend avoir fur Cabo-Corfo, Tacguoray & Anemabo, & les cede & tranfporte aux Etats Généraux des Provinces-Unies. *T. de la Haye, Chapitre de la Compagnie des Indes, art.* 2.

A l'expiration de l'Octroi que les Rois de Dannemarc ont accordé à leur Compagnie d'Afrique ; c'eft-à-dire, au commencement de 1680, Frederichfbourg, Orfu, autrement appellé Chriftianfbourg, feront donnés en pleine proprieté à la Compagnie Hollandoife des Indes Occidentales. *T. de la Haye, art.* 4.

Etant furvenu quelques broüilleries entre la Cour de Coppenhague & leurs Hautes Puiffances, elles conclurent à Berlin, le 6. Juillet 1688, fous la médiation de l'Electeur de Brandebourg, un Traité provifionel, par lequel elles rappelloient & remettoient en vigueur les Traités dont je viens de parler, jufqu'à ce que leurs Miniftres, qui devoient s'affembler à Hambourg ou à Altena, euffent pris

de

de nouveaux arrangemens. Les Guerres dont l'Europe fut alors agitée, ne
permirent pas de terminer cette affaire, & le Traité provifionel de Berlin
devint en quelque forte définitif. Ce
ne fut que le 25. Juin 1701. que ces
Puiffances conclurent à Coppenhague
pour vingt ans, un Traité de Commerce, dans lequel celui de 1645.
étoit rappellé & confirmé. On y convenoit de tout ce qui regarde la liberté de la Navigation dans les Mers,
Ports & Rivieres des deux Parties
contractantes. On y regloit les droits
refpectifs qu'elles doivent payer, &
les exemptions dont elles doivent
joüir.

Les fujets des Provinces-Unies ne
payeront pas à Dantzic des droits
d'entrée & de fortie plus confidérables que les Dantzicois mêmes. Les
Contractans fe traiteront réciproquement de la même maniere qu'ils trai-
tent leurs Alliés les plus favorifés.
*T. de la Haye du 13. Juillet 1656,
entre les Etats Généraux & la Ville
de Dantzic.*

Tome II.   F f

Le Traité conclu à Munfter par l'Efpagne & les Provinces-Unies, fera fidellement exécuté. *T. de la Barriere conclu à Anvers en* 1715, *art.* 26. *Acte d'acceffion des Provinces-Unies au T. de Vienne du* 16. *Mars* 1731, *art.* 4.

Les Hollandois continueront à avoir dans le Royaume de Sicile tous les Priviléges dont ils ont joüi fous le Regne de Charles II. *T. de Vienne du* 16. *Mars* 1731, *art.* 7. On peut voir à la fin du feptiéme Chapitre de cet Ouvrage, & dans le dixiéme, ce que j'ai dit, en faifant l'analyfe du Traité de Vienne du 16. Mars 1731, & de l'Acceffion des Etats Généraux à ce Traité. L'Empereur Charles VI. s'étoit engagé à faire ceffer pour toujours le Commerce de la Compagnie d'Oftende aux Indes Orientales. Ce Prince a-t-il rempli fes engagemens? voici comme les Etats de la Province d'Utrecht penfoient fur cette matiere, il y a trois ans, en écrivant aux Etats de la Province de Hollande.

„ On pourroit à la vérité alléguer

,, que la Cour de Vienne a fait cesser
,, la Navigation d'Ostende aux In-
,, des, mais le Privilége accordé par
,, le feu Empereur le 29. Decembre
,, 1722, à la susdite Compagnie, n'a
,, jamais été formellement révoqué &
,, annullé ; & sans nous arrêter à exa-
,, miner si elle ne subsiste pas encore
,, en effet pour n'avoir fait que chan-
,, ger de place, nous nous contente-
,, rons de soutenir qu'une simple ces-
,, sation ou interruption de cette Na-
,, vigation d'Ostende aux Indes, ne
,, doit pas être censée une révocation
,, formelle du privilége de cette Com-
,, pagnie, selon l'intention & la de-
,, mande expresse de vos Hautes Puis-
,, sances ; car si la Cour de Vienne
,, avoit jamais eu une sincere inten-
,, tion de remplir le vrai sens de la
,, stipulation du Traité, elle n'auroit
,, pas manqué de faire publier dans
,, tous les Pays-Bas de son obéissan-
,, ce, que le Privilége accordé à la
,, Compagnie d'Ostende étoit suppri-
,, mé & révoqué. Elle y étoit formel-
,, lement obligée, & l'auroit dû faire ;

,, néanmoins elle ne l'a pas encore
,, fait... Puifque la Compagnie d'Of-
,, tende a été établie formellement &
,, publiquement, elle devoit être fup-
,, primée de même ; fuivant la regle
,, générale , tout contrat s'annulle ,
,, tout établiffement fe fupprime, tou-
,, te focieté fe rompt de la même ma-
,, niere que ce contrat, cet établiffe-
,, ment, cette focieté ont été formés.
,, *Unum quodque diffolvitur eodem*
,, *modo quo colligatum eft.*

Les Etats d'Utrecht ne bornent pas
là leurs plaintes contre la Cour de
Vienne, au fujet de la Compagnie
d'Oftende. ,, Il n'y a , difent-ils, qu'à
,, ouvrir les Regiftres de la Républi-
,, que, pour vérifier, entre autres par
,, les réfolutions de leurs Hautes Puif-
,, fances du 29. Novembre 1732 ,
,, & du 13. Avril 1736, qu'elles fe
,, font plaintes des nouveaux envois
,, faits directement par la Compagnie
,, d'Oftende, ou de ceux aufquels elle
,, avoit part, qui faifoient voile direc-
,, tement des Pays-Bas Autrichiens,
,, & en revenant des Indes alloient

,, décharger à Cadix ou dans d'autres
,, ports.

PUISSANCES DU NORD,

Relativement à leurs interêts & à l'Empire.

Le Commerce fera rétabli entre les Royaumes de Pologne & de Suede fur le même pied qu'il fe faifoit par les deux Nations avant la Guerre. Leurs Sujets & les Curlandois trafiqueront librement fur la Duna & la Buldera. On ne pourra établir de nouveaux impôts, ni augmenter les anciens fur ces deux Rivieres, ni dans les Ports & les Doüanes du Duché de Livonie. Les Commerçans de la grande Pologne ne payeront point à Stetin les nouveaux droits qu'on pourroit y lever. Dantzic & les autres Villes de Pruffe conferveront dans le Royaume de Suede & dans les Provinces qui en dépendent, les mêmes priviléges dont elles ont joüi avant la Guerre. *T. d'Oliva, art. 15.*

Les Villes Anséatiques commerceront librement dans tous les Domaines qui relevent des Couronnes de Suede & de Dannemarc. *T. de Coppenhague de* 1660. *art.* 31. On a vû dans le second Chapitre de cet Ouvrage quelles prérogatives les Vaisseaux Suedois obtinrent pour le passage du Sund ; elles furent confirmées par les Traités de Fontainebleau & de Lunden en 1679. & par celui de Coppenhague du 18 May 1680. Depuis la Suede a été obligée de renoncer à ces priviléges. Le Traité que cette Puissance passa en 1720. avec le Dannemarc, soumet ses Sujets, dans le passage du Sund & du Belt, aux mêmes contributions que les Anglois, les Hollandois ou la Nation la plus favorisée sont obligez d'y payer. *T. de Stokholm du* 14 *Juin* 1720. *entre la Suede & le Dannemarc, art.* 9.

Les Sujets de l'Empereur, de l'Empire, & particulierement les Villes Anséatiques, seront rétablis dans tous les priviléges de Commerce dont ils ont joüi avant la Guerre sur les Terres

de la Couronne de Suede ; les Suedois, les Livoniens, &c. commerceront auffi en toute liberté dans les
Domaines de l'Empire. *T. de Nime-*
gue entre l'Empereur & la Suede, ar-
ticle 6.

Il y aura une liberté entiere de
Commerce entre les Sujets de la République de Pologne, du Grand Duché
de Lithuanie, & ceux de la Pruffe
Ducale. Les differends qui pourroient
s'élever fur cet article, feront jugés
par des Arbitres. Les Contractans ne
pourront établir que d'un mutuel ac-
cord de nouveaux droits ou peages
fur leurs Terres. Leurs Ports leur
feront refpectivement ouverts, & il
leur fera permis d'acheter les uns chez
les autres toutes fortes de munitions
de Guerre, *T. de Velaw du* 17 *Sep-*
tembre 1657. *entre la Pologne & la*
Maifon de Brandebourg, article 15.
& 17.

Le Commerce fera rétabli & fa-
vorifé entre les Etats de la Couronne
de Suede & ceux du Roi de Pruffe.
T. de Stokholm du 1 *Fevrier* 1720.

entre ces deux Puiſſances, art. 1.

On ne mettra aucun empêchement à la Navigation du Pehne ni des Rivieres qui s'y déchargent. Le Roi de Pruſſe ne pourra y établir de nouveaux Péages, ni augmenter les droits des anciens. Ses Sujets, ainſi que les autres étrangers, conſerveront pour leurs Vaiſſeaux le libre uſage du Port de Grunſchwart pour s'y retirer & y reſter ſans oppoſition. Ils ne payeront dans ce Port aucun impôt, ils joüiront de la même franchiſe à Rugen, pourvû qu'ils payent à Wolgart les droits uſités avant la Guerre. Les Sujets de la Pomeranie Suedoiſe ſe reſervent la même liberté & les mêmes prérogatives à l'égard de tous les Ports, Havres, Côtes, Rivieres qui ſont cédés au Roi de Pruſſe. *Traité de Stokholm, art.* 12.

Bien loin d'empêcher, le Roi de Pruſſe favoriſera le Commerce de Bois que les Suedois ont fait ci-devant dans la Pomeranie & dans ſes autres Etats. Ils continueront à trafiquer ſur l'Oder & le Warthe; on aura

soin que la navigation de ces Rivieres
soit libre. Enfin les Sujets des deux
Contractans auront les uns chez les
autres par rapport au Commerce ,
tous les priviléges qui feront accordés à la Nation la plus amie. *Traité de
Stokholm , art.* 12. & 14.

Les Sujets de la Couronne de
Suede & de la Ruffie commerceront
avec liberté les uns chez les autres ,
& il leur fera permis d'avoir des magafins dans leurs Domaines refpectifs.
T. de Pleyffemoud du 1. *Juillet* 1661.
entre la Suede & la Ruffie , art. 10.
& 11. *T. de Neuftadt entre les mêmes,*
art. 17. On peut confulter le huitiéme
Chapitre de cet Ouvrage fur quelques
articles du Traité de Neuftadt qui
regardent le Commerce.

La Pologne & la Ruffie s'accordent
reciproquement une entiere liberté de
Commerce. *Traité de Mofcou du* 25.
Avril 1686. *art.* 18.

ARTICLE SECOND.

ESPAGNE. ANGLETERRE.

LEs Anglois fe chargent de tranfporter dans l'Amerique Efpagnole, pendant l'efpace de trente ans, à
commencer du 1 May 1713. cent
quarante-quatre mille Negres, à raifon de quatre mille huit cents par an.
Il leur eft permis de fournir un plus
grand nombre d'Efclaves pendant les
vingt-cinq premieres années de leur
Contrat ; mais dans les cinq dernieres
années, ils fe borneront au nombre
convenu. On pourra débarquer les
Negres à tous les Ports de l'Amerique Efpagnole dans lefquels il réfide
des Juges Royaux ou de leurs Députés, & les Anglois y tiendront des
Juges confervateurs. Ils renoncent à
tout autre Commerce, & on faifira les
marchandifes qui pourroient fe trouver fur les Vaiffeaux qui ferviront au
tranfport des Negres. Le Roi d'Efpa-

gne & le Roi de la Grande Bretagne feront interreffés, chacun pour uh quart, dans le trafic de l'Affiento.

Contrat de l'Affiento figné à Madrid le 26 Mars 1713.

A condition expreffe que la Compagnie de l'Affiento ne fera aucun négoce défendu, ni ne l'entreprendra directement ni indirectement, fous quelque prétexte que ce foit; le Roi d'Efpagne lui accorde un Vaiffeau de 500 Tonneaux par an, pendant le terme de trente années, pour négocier aux Indes. Sa Majefté Catholique aura la quatriéme partie du profit que fera ce Vaiffeau de permiffion, & elle prendra encore cinq pour cent fur le gain des trois autres parties qui appartiennent aux Affientiftes. Les marchandifes du Vaiffeau de permiffion ne payeront aucun droit d'entrée, & ne fe vendront que dans le temps de la Foire. Si elles arrivent aux Indes avant les Flottes & les Gallions, les Facteurs de l'Affiento les debarqueront, & en attendant l'ouverture de la vente générale, on

les mettra dans des magafins fermés
à deux Clefs, dont l'une fera entre
les mains des Officiers de Sa Majefté
Catholique, & l'autre dans celles des
Facteurs de la Compagnie Angloife.
Contrat de l'Affiento, art. 42.

Les Couronnes d'Efpagne & d'Angleterre ont figné deux Traités particuliers de Commerce & de navigation, l'un à Utrecht le 9 Decembre
1713. & l'autre à Madrid le 14 Decembre 1715. & ces Traités doivent
être en vigueur pendant tout le temps
que la Paix fubfiftera entre les Contractans. *T. de Commerce conclu à
Utrecht, art. 6.*

Les Traités de 1667. & 1670.
dont j'ai rendu compte dans l'article
précédent, font rappellés & confirmés.
T. d'U. art. 1. Le Traité de Madrid
de 1715. confirme celui d'Utrecht.
art. 6.

Les Anglois en Efpagne & les Efpagnols en Angleterre, feront traités
comme la Nation la plus favorifée.
T. d'U. art. 2. T. de M. art. 5.

Les Anglois qui commercent en

Espagne, ne payeront que les mêmes
droits d'entrée ou de fortie qui étoient
établis fous le regne de Charles II.
tous les autres étant abolis. *T. d'U.*
art. 3. T. de M. art. 1.

Les Anglois auront dans la Bifcaye
& dans la Province de Guipufcoa, des
maifons & des magafins, avec les
mêmes droits & privileges dont ils
joüiffent dans l'Andaloufie & dans les
autres Provinces de la Monarchie Efpagnole, en vertu du Traité de 1667.
La même prérogative eft accordée
aux Efpagnols dans les Domaines de
la Grande Bretagne. *Traité d'Utrecht,*
art. 4.

Les Anglois continueront à faire
le Commerce des Canaries fur le
même pied qu'ils le faifoient fous le
regne de Charles II. Il leur eft permis
d'y prendre un Efpagnol même pour
leur Juge confervateur, & la Cour de
Madrid lui accordera tous les droits
& toutes les immunités attachées ordinairement à cette Place. *T. d'U.*
art. 12. *art. féparé.*

Les Anglois pourront amaffer du

fel dans les Ifles de la Tortue. *T. de M. art. 3.*

ANGLETERRE. RUSSIE.

Les Sujets de la Grande Bretagne & de la Cour de Ruffie commerceront librement dans tous les Pays que ces Puiffances poffedent en Europe. *Traité de Peterfbourg du 2. Decembre 1734. entre l'Angleterre & la Ruffie, art. 2.* Ce Traité durera l'efpace de 15 ans, *art. 29.* Les Anglois & les Ruffes feront traités les uns chez les autres comme les peuples les plus favorifés, *art. 3. 16. 19. & 28.* Ces derniers pourront faire en Angleterre le Commerce de toutes les marchandifes du produit ou des manufactures d'Afie, pourvû qu'aucune loi actuellement en vigueur dans la Grande Bretagne, n'y mette obftacle, *article 4.*

Il eft permis aux Anglois de bâtir, loüer, acheter, échanger & revendre des maifons à Peterfbourg, à Mofcou, dans la Slabod Allemande, à Aftra-

can & à Archangel. Ces maisons seront exemptes des quartiers, mais
celles que les Anglois pourroient avoir
dans les autres Places de Moscovie,
ne joüiront pas de ce privilege. Les
Anglois en Russie, & les Russes dans
la Grande Bretagne professeront librement leur Religion. *T. de Petersbourg, art.* 16.

.Les procès que les Marchands Anglois auront en Russie, ne seront jugés que par le College du Commerce.
Les Russes qui trafiqueront en Angleterre, seront sous la protection des
Loix de ce Royaume, comme tous
les autres Marchands étrangers. Ceux
qui s'y transporteront pour s'instruire
des Arts & du Commerce, seront
specialement favorisés. Les Vaisseaux
Moscovites recevront toutes sortes de
secours de la part des Anglois dans
les Ports & Havres de la Grande
Bretagne & ailleurs, pourvû que dans
la Mer Britannique ils se comportent
selon la coutume. *T. de Petersbourg,
art.* 19. *&* 28. Il paroît par la derniere clause de cet article, que les

Anglois vouloient indirectement faire reconnoître par la Nation Ruffe, leur prétendu empire fur la Manche. On fçait qu'il y a quelques Peuples qui regardent de certaines Mers comme faifant partie de leur Domaine; mais ces prétentions n'ont jamais été reconnuës : Plufieurs habiles Jurifconfultes ont écrit fur cette matiere, & il a été prouvé que la Mer eft libre.

Les Sujets de la Grande Bretagne pourront porter toutes fortes de marchandifes en Perfe par les Etats de Ruffie, & pour tout droit ne payeront que trois pour cent en Rifchdalles. Il en fera de même à l'égard de toutes les marchandifes qu'ils voudront tranfporter de Perfe. Ils feront leur déclaration dans la premiere Place de Ruffie, & les Doüaniers ne leur feront aucune vexation. Si ceux-ci foupçonnoient cependant que la déclaration du Marchand Anglois ne fut pas jufte, ils feront les maîtres de prendre fes marchandifes pour leur compte, en payant le prix déclaré, & en y ajoûtant vingt pour cent en fus.

Les

Les balots une fois visités dans la premiere Place de Russie & plombés par les Doüaniers, ne seront plus sujets à aucun droit, ni à aucune visite. *T. de Peterf. art.* 8.

Les Commerçans qui auront fraudé les Doüanes, ne pourront être punis que par la confiscation de leurs marchandises. *T. de Peterf. art.* 10.

En cas de rupture entre les Puissances contractantes, leurs Commerçans respectifs auront au moins un an pour vendre leurs effets ou pour les retirer & les transporter où bon leur semblera. *T. de Peterf. art.* 13.

FRANCE. ANGLETERRE. PROVINCES-UNIES.

Les François dans la Grande Bretagne; & les Anglois en France, ne payeront pas des droits plus considerables que les naturels du Pays. Il faut cependant entendre que quand ceux-ci aborderont à un Port de France, ils ne les payeront point suivant le tarif fait en faveur des Bourgeois commerçans de cette Place, mais suivant celui qui aura été dreffé en général pour tous les Commerçans de France. Les François & les Anglois ne vendront point leurs marchandifes en détail dans des boutiques ni ailleurs. *T. de Commerce conclu à Utrecht le* 11 *Avril* 1713. *entre la France & l'Angleterre, art.* 5. Ce Traité étoit fait pour tout le temps que les deux Nations feroient en Paix. Celui que la France & les Provinces-Unies conclurent à Utrecht le même jour, ne devant être en vigueur que pendant 25. ans ; ces Puiffances en fignerent un nouveau à Verfailles le 21 Decembre 1739. elles conviennent enfemble des mêmes conditions qu'on vient de lire. *art.* 1. 2. *&* 3.

Les Sujets des Puiffances contractantes ne feront point foumis au droit d'Aubaine dans leurs Pays refpectifs. Ils difpoferont de leurs biens par contrat, donations, teftamens, &c. *Traité d'U. art.* 13. La même claufe a été arrêtée entre la France & les Etats Généraux. *T. de Verfailles, art.* 37.

Il ne fera pas permis aux Arma-
teurs étrangers & qui auront commif-
fion de quelque Prince ou Etat ennemi de la France ou de l'Angleterre,
d'armer leurs Vaiffeaux dans les Ports
de l'une ou de l'autre de ces deux
Couronnes ; d'y vendre leurs captu-
res ; d'échanger en quelque maniere
que ce foit les Vaiffeaux, marchandifes, ou autres chargemens ; ni d'a-
cheter même d'autres vivres, que ceux
qui leur feront néceffaires pour gagner
le Port le plus prochain du Prince
dont ils auront obtenu des commiffions. *T. d'U. art.* 15. La même claufe
à été arrêtée entre la France & les
Etats Généraux. *Traité de Verfailles,
art.* 11.

S'il fe trouve des paffagers d'une
Nation ennemie de la France fur des
Navires Anglois, il ne fera pas permis de les enlever, à moins qu'ils ne
fervent actuellement. Il en fera de
même des paffagers d'une Nation ennemie de la Grande Bretagne qu'on
trouvera fur des Vaiffeaux François.
T. d'U. art. 19. & 20.

Les Maîtres des Navires François & Anglois armés en guerre & en courſe, donneront avant que de partir, une caution, les premiers de ſeize mille cinq cents livres tournois, les ſeconds de quinze cents livres ſterling, pour répondre des contraventions qu'ils pourroient faire au préſent Traité. *T. d'U. art.* 29.

Au ſujet des marchandiſes dont on paye les droits par le poids, on défalquera ce que peuvent peſer la caiſſe, le tonneau, l'ambalage, &c. *Traité d'U. art.* 8.

Les deux Nations contractantes auront le privilége d'entretenir des Conſuls l'une chez l'autre. *Traité d'U. art.* 8.

Les Hollandois ne payeront l'impoſition des 50. ſols par tonneau, établie en France ſur les Navires Etrangers, que dans le cas ſeul où ils chargeront des marchandiſes d'un Port de France pour les tranſporter dans un autre Port de ce Royaume. A l'égard des François, ils ne payeront qu'une ſeule fois par an le droit de

Laft ou *Tonnelage. T. de Verf. art.* 4.

Pour ce qui regarde le commerce du Levant en France, les Hollandois ne payeront *le vingt pour cent* que dans le cas où les François le payent. *T. de Verf. art.* 5.

Les Hollandois pourront faire entrer en France & y débiter du harang falé fans diftinction de fel, & fans être fujet au rempaquement. *T. de Verf. art.* 9.

Les Navires François pourront partir des Ports de Hollande pour quelque Pays que ce foit, & dans tous les tems, avec une égale liberté. Ils ne feront point affujétis aux Reglemens que les Etats Généraux font pour les Vaiffeaux de leurs Sujets. *T. de Verf. art.* 28.

Il ne fera jamais permis d'enlever des effets des Navires François, à l'occafion des conteftations qui peuvent furvenir entre les Colleges des Amirautés des Seigneurs Etats Généraux. *T. de Verf. art.* 29.

La France & les Provinces-Unies étoient convenues par le trente-qua-

triéme article de leur Traité de Nimegue , d'établir l'une chez l'autre
des Confuls ; elles y ont dérogé par
les Traités de Ryfwick , d'Utrecht ,
& de Verfailles. Il eft dit dans celui-ci
qu'à l'avenir on n'admettra de part ni
d'autre aucun Conful ; mais que fi l'on
jugeoit à propos d'envoyer des Réfi-
dens , des Agens ou des Commiffai-
res , ils ne pourront établir leur demeure que dans les lieux de la réfidence de la Cour. *Art.* 40.

FRANCE, DANNEMARC.

L'abord de l'Iflande Ferroé , du
Groenland & de Finmarcken eft défendu aux François , comme à toutes
les autres Nations ; & ils n'y relâche-
ront que dans le cas qu'ils y foyent
forcés par la tempête. Ils s'abftiendront de defcendre auffi dans les Ports
de Norvege qui ne font pas marchands & permis. *T. de Coppenhague
du* 23. *Août* 1742. *entre la France
& le Dannemarc, art.* 17. Ce Traité
eft fait pour l'efpace de 15 ans, *art.* 8.

Le dix-feptiéme article comprend encore les conventions du Commerce des François en Norvege, tant à l'égard des bois de conftruction, de la poix, du goudron, que de la fonte des graiffes de baleines & autres poiffons provenant de leurs pêches. Tout cela veut être lû dans le Traité même. A l'exception des Pays que j'ai d'abord nommez, les François joüiront dans toutes les autres Terres du Roi de Dannemarc des mêmes priviléges que fes Sujets. Les Danois ne feront pas traités moins favorablement dans toute l'étenduë des Domaines que la Couronne de France poffede en Europe. Ils payeront cependant le droit de fret de 50. fols par tonneau, dans le cas où ils chargeront des marchandifes d'un Port de France, pour les tranfporter dans un autre Port du même Royaume. *T. de Coppenhague , art.* 6. *&* 7.

Les Danois en France , & les François en Dannemarc , ne feront point fujets au droit d'Aubaine. *T. de Copp. art.* 40.

Soit que les François fretent des Navires de leur Nation, ou qu'ils montent des Vaiffeaux Anglois, Suedois, Hollandois, &c. ils ne feront tenus en paffant les détroits du Sund & du Belt, qu'à payer les droits convenus par le Tarif de 1645. qui fut confirmé par le Traité de 1663. Si on a depuis accordé, ou qu'on accorde dans la fuite, quelque diminution à une autre Nation, les François en joüiront également. *T. de Copp. art. 4. & 5.*

Il eft défendu de vifiter les Vaiffeaux François au détroit du Sund; on ajoûtera foi aux Lettres de mer & Paffeports des maîtres de Navires; & les droits une fois payés, ils ne feront point obligés d'arrêter près de Coppenhague, au lieu nommé Drooghen. S'il arrivoit qu'ils relâchaffent à la Côte de Scanie, au Cattegatte, aux Ifles d'Anhout ou de Leffoc, ou aux environs, & qu'étant entrés dans la Mer Baltique, ils fuffent obligés par les vents contraires ou autrement de revenir au Sund ils ne feront point

tenus

tenus d'y payer une seconde fois le droit de paffage, ni aucun des autres frais. Les Navires François pourront differer le payement des droits du Sund, pourvû qu'avant leur paffage, ils donnent à Elfeneur une caution fuffifante de s'acquitter dans trois mois au plus tard, ou à leur retour, s'il eft plus prochain. *T. de Copp. art.* 9. 10. *& 13.*

Les Navires François ne payeront aucun droit fur l'Elbe, & ne feront vifités qu'en temps de guerre, pour voir s'ils ne portent point de marchandifes de contrebande aux ennemis du Roi de Dannemarc. *T. de Copp. art.* 15. La franchife de l'Elbe eft une queftion qui a fait beaucoup de bruit dans l'Empire. Le Roi de Dannemarc & le Duc de Holftein prétendent pouvoir établir des Peages fur cette riviere, mais ce droit n'eft point reconnu par le Corps Germanique.

Aucun des deux Contractans ne fouffrira que des Vaiffeaux de guerre ou autres, armés pour le fervice de

quelque Prince ou République que ce
ſoit, prennent ou endommagent dans
ſes Ports, Havres ou Rivieres, les
Navires des ſujets de ſon Allié. Si ce
malheur arrivoit, il employera ſon
autorité pour faire donner ſatisfaction
à l'offenſé, ſoit en lui reſtituant ce
qu'on lui aura pris, ſoit en le dédom-
mageant par une compenſation juſte
& raiſonnable. *T. de Copp. art.* 33.

En cas de rupture entre les deux
Couronnes contractantes, leurs ſujets
auront pendant ſix mois la liberté de
vendre leurs effets, ou de les retirer,
pour les tranſporter où bon leur ſem-
blera. *T. de Copp. art.* 43.

Fin du Tome ſecond.

E R R A T A.

Tome I.

PAge 28. *ligne* 27. peine. *lif.* Pehne.
33. *lig.* 13. 1524. *lif.* 1624.
167. *lig.* 10. d'Eft. *lif.* d'Efte.
208. *lig.* 2. ils les virent. *lif.* ils la
virent.
286. *lig.* 11. fecourable. *lif.* favorable.
290. *lig.* 22. fous. *lif.* fur.

Tome II.

PAge 157. *ligne* 16. maxime. *lif.* maniere.
201. *lig.* 11. garantes. *lif.* garants.
328. *lig.* 4. dele en Angleterre.
336. *lig.* 3. Tacguoray. *lif.* Tacquo-
ray.